河出文庫

対話からはじまる憲法

橋下徹　木村草太

河出書房新社

まえがき

意外に思う人もいるかもしれませんが、私から見て、橋下徹さんはかなり「話の通じる」相手です。

もちろん、橋下さんとは、様々な問題で結論が異なります。たとえば、2015年安保法制について、私は安倍首相の態度にかなり批判的である一方、橋下さんは一定の理解を示しています。君が代問題、憲法改正、死刑の是非など、ほかにもお互いに結論が違う問題は多々あります。

とはいえ、橋下さんの主張をよくよく調べたり、聞いてみたりすると、なんの考えもなしに暴走する権力者ではないことがわかります。むしろ、橋下さんは、憲法の要求や、法律の手続きを理解しようと努力し、何かを主張するときには、法的な根拠づけを強く意識しています。私と橋下さんの間には、法や論理という共通の基盤があり、たとえ意見は違っても、そうした基盤のうえに、コミュニケーションが成立するのです。

そこで、今回、ふたりで憲法について問答する本を作ってみることになりました。

本を作るにあたり、橋下さんは、国会議員や地方議員など、権力の担い手になる人に、憲法に則って権力を行使することの大切さを伝えられるような本を作りたいとおっしゃいました。

憲法には、過去の国家権力の失敗を踏まえ、それを繰り返さないための知恵とルールが盛り込まれています。実際、橋下さんは、自分が政治家として権力を握るとき、憲法の条文に込められた力をまざまざと感じたそうです。他方で、橋下さんが政党を率いて議員や候補者と触れ合ったとき、憲法のことがあまりにも知られていないのを痛感したというのです。

私は、「憲法のことを多くの権力者に知ってほしい」という橋下さんの思いに深く共感します。そして同時に、「究極の権力者とは、実は、国民一人ひとりなのだ」ということも、伝えたいと思っています。国民が憲法を知らなければ、権力者が憲法に則っているかどうかをチェックしようがありません。権力者を動かすのは国民です。

ところで、橋下さんは、弁護士資格を持っている法律家ですから、憲法のことを伝えたければ、ひとりで本を書いてもよいはずです。また、私は私で憲法学者なので、憲法の本をひとりで書けばよく、実際、いくつか本を書いています。あえて対談本を出すことに、どんな意味があるのでしょうか。

専門家がひとりで書いた本は、体系的で、見通しがよく、とても魅力的です。ただ、いかんせん、すっきりしすぎるのです。異なる意見や体験を持つ人と話せば、「ああでもない」「こうでもない」と右往左往します。そうした、一見迂遠（うえん）に見える問答のなかから、新しい解釈や考え方にたどり着くことがあります。そうした意外性も、憲法を学ぶ楽しさだと思います。

この本では、橋下さんが、実際に行政機関を動かした経験、国政政党を率いた経験から、憲法や民主主義について、たくさんの問題を提起しています。また、私も、橋下さんに聞いてみたかった疑問をぶつけています。どこに違いがあって、どこに合意点があるのか。それを探るのが、この本の読みどころではないかと思います。

また、読者が、「自分だったら、橋下さんをどう説得するだろうか？」「木村の理屈には、こっちから反論したほうがよかったんじゃないか？」と考えることができるのも楽しいところです。何かを深く考えようとするとき、異なる立場の人と話すのは、とても大切なことです。お互いの差異と同質性を把握することで、相手を理解すると同時に、自分自身のこともより理解できるようになります。ぜひ、読者のみなさんも、私と橋下さんの問答に加わる気持ちで読んでください。

この本を作るための対談は、とても楽しいものでした。多忙ななか、時間を作って、率直に意見を交換してくれた橋下さんに、とても感謝しています。また、貴重な機会を設定してくださった河出書房新社の田中大介さん、読みやすくきれいな原稿にまとめてくれた山本菜々子さんに、御礼申し上げます。

多くの人が、私たちの問答に参加してくださることを楽しみにしています。

木村草太

目次

第2章　本当の「立憲」の話をしよう

第3章　地方と憲法

対話からはじまる憲法

序章

対談後、アフタートーク

木村　２０１８年３月から始まったこの対談は、６月まで続き、計10時間以上に及ぶものでした。お疲れ様でした。

橋下　それでもまだ話し足りないくらいでしたね。もちろん、僕と木村さんとでは、考えていることは違うところがあるんだけど、こうやって話してみると面白かったですね。僕は政治家をやっていたときに木村さんを『報道ステーション』（テレビ朝日）で初めて見ました。若くて、なんだか憲法学者らしくない風貌で。

木村　あのころは坊主頭でしたね。当時は安保法制の論議があって、どの政党がどういう案を出しているのか全部把握しないとコメントできない。毎週毎週、時事問題を追いかけるというのは、憲法の研究者としてはあまりやらないことなので、本当に勉強になったと思います。

橋下　番組に出てコメントするなら、時事問題の追っかけはやらざるを得ないですもんね。変なこと言ったらはずかしいし。そのあとに僕がやっていた『橋下×羽鳥の番組』（テレビ朝日）に出演してもらいました。今回対談してみて、番組のほうはもっと木村草太を演じているなと思いましたね。

木村　テレビは限られた時間のなかで、編集でどこを切り取られてもいいように発言しなければなりませんから、神経戦になります。今回の対談ではそれと比べて、もう少しざっくばらんに話せましたね。

橋下さんとは考え方が違いますが、コミュニケーションのベースは近いですよね。憲法に関わる問題は、感情的になると相互理解を拒否してしまいます。前提をひとつずつ踏んでいき、どこで意見が分かれているのかを追求しようというスタンスで話してくれるのは助かります。3回の対談で、橋下さんの知事や市長としての経験を伺って、手続法の大切さについてよくわかりました。

橋下　東京では僕のむちゃくちゃな様子ばかりが伝わっていると思いますが、自分なりに権力の適正行使を考え、手続きを踏んできたつもりなんです。僕がやっていることが全部正しいわけじゃないし、間違っていることはいっぱいあるかもしれない。ただし、ほかの政治家よりもかなり権力を行使した自覚があるからこそ、権力を使うための手順はちゃんと踏んできました。

しかし結論だけ見られて「おかしい」とか「やりすぎ」と言われてきた。もちろんそういう批判はあると思うんですけど、手順は踏んでいるんです。君が代の起立斉唱条例も、右翼の象徴、国旗国歌信奉者みたいに言われるけど……。

木村　口パク確認はやりすぎですよ（笑）。

橋下　あれは、教育長がルールを守らせるということにこだわりました。口パク確認と報じられましたが、実際は、起立して歌っているかをざっと確認する程度だったんですけどね。彼も弁護士資格を持っています（笑）。

木村 橋下さんは、研究対象として面白いと感じています。物議をかもしますけれど、本人がただ乱暴をやっているわけじゃない。私個人として結論に賛同できないこともありますが、調べてみると、手続きや法律論を検討して動いていることがわかる。

橋下 特に憲法学者は表面的なところだけを見て、抽象的に、選挙至上主義者だとか民主主義の破壊者だとか批判してくる者が多かったですけど、木村さんは、僕のやってきたことの中身について具体的に批判してくれる。そのような分析、批判はありがたいです。

木村 大阪市の政治活動規制条例がありましたよね。私が橋下徹について調べたのはそれが最初です。

橋下 木村さん、議事録の誤植を見つけて市役所に連絡してくれたらしいね（笑）。それで市役所側は訂正したらしい。

木村 市役所って、そういう対応は、とても速いんですね。電話してみるもんだと思いました。橋下さんの慰安婦問題の発言をみても、「あんなやつらは知らない」と言っているただの差別主義者とは違う。でも一時的には「橋下徹、慰安婦を罵倒」といった雰囲気で伝えられます。

橋下　政治家はメッセージを広げるために、いわゆる炎上を利用することもありというのが持論です。それでも燃え広がりましたね（笑）。ただあの炎上で慰安婦問題についていろいろと議論がなされ国民も慰安婦問題をきちんと考えるようになったと思います。最後は朝日新聞の記事取り消しにまでいたりました。政治家の多くは、1965年の日韓基本条約と2015年の日韓合意を理由に、韓国は慰安婦問題をもう持ち出すなと言うけれど、僕は議論しないといけないと言い続けてきました。

日本も韓国も民主国家であり、有権者の支持があって権力が成り立つ国です。ところが、韓国民、特にこれからの韓国を支える世代の多くが、慰安婦問題についての日本の対応に不満を抱いていますし、日韓合意も7割が反対しているような状況です。さらに、2000年の国連安保理決議1325では、女子に対する性的な戦争犯罪責任は永久的に追及される旨が規定されました。東アジアの地域において自由主義と民主主義を守るために日韓関係は重要であり、そうであれば両国民が真に納得する解決を探らなければなりません。

戦争当時はいろんな国が日本と同じようなことをしていました。ところが今は欧米諸国が日本の慰安婦問題を特殊化し、それをスケープゴートにして、自らの責任を棚上げにしている。韓国だって同様のことをベトナムでやっていたことは明らかになっています。

ただし、「世界でやっていたから日本も悪くない」と言って日本を正当化することは許されません。日本も悪いし、みんなも悪い。だからみんなで反省して二度とやらないように決意すればいい。でも韓国や欧米はそういう意識がないでしょ？ 他方、日本にも「日本はまったく悪くない」と言い張る人たちも多い。

日本だけが特殊だったわけではなく、戦時性暴力の問題は世界各国が抱えている問題で、だからこそ世界各国での反省と決意が必要なことを明らかにする。慰安婦像だって旧日本軍の行為に特定せずに、世界各国の反省と決意の碑文にすればいい。このような方向での解決であれば、日本人や韓国人の多くが納得すると思います。これが僕が言い続けてきたことです。

2018年8月14日に文在寅（ムンジェイン）韓国大統領が、「慰安婦問題は日韓の問題だけでなく、戦時の女性暴力として人類普遍の問題である。世界が反省し、二度と同じことを起こさないと決意することで解決される」と発言しました。まさに、これまで僕が言い続けてきたことと同じです。日本は、「慰安婦問題はすでに解決済み」と突き放すのではなく、「世界の反省と決意のために努力しよう」と韓国に呼びかけるべきです。

木村　確かに、戦時性暴力の問題は日本だけではなく、世界各国の問題として解決していくべきですね。ただ、それを日本が主導しようとするのは、「お前が言うな」という反発が強そうです。メディアでの議論を見ていると、日本だけが全部悪いか、もしくは日本はまったく悪くないかの極端な二択のなかで捉えられてしまいがちです。慰安婦問題に限らず、全否定か全肯定で判断されてしまうので、その間の議論の枠組みがないんでしょうね。

意見は違いながらも、橋下さんと私の間に共通するコミュニケーションのベースは、法律家であることではないかと思います。橋下さんは弁護士ではありますが、法学部ではないんですよね。

橋下　そうなんです。政治経済学部の、しかも経済学科なんですよ。

木村　なぜ司法の道へ？

橋下　学生時代にやったビジネスで失敗しまして……。手形の不渡りをつかまされて、自分で訴訟を起こしたのがスタートですね。

木村　いきなり訴訟から入ったんですね。

橋下　そう、いきなり。木村さんも司法試験の勉強をされているからわかると思うのですが、普通は最初に憲法を習いますよね。でも僕はいきなり手形法から入って、民事訴訟法、商法と勉強してから、憲法を学んだんです。法律を机の上の勉強からだけでなく、実際の生活問題に活用する「実務」からも学んで「ああ、法律ってこういうことか」と理解していきました。ちょっと特殊なルートだと思います。

木村 政治経済学部で憲法の授業を受けることもなかった？

橋下 なかったです。それこそ憲法は予備校の、しかもビデオ授業のコースで学びました。木村さんはなぜ憲法学者になろうと思ったんですか。

木村 中学生のときに憲法の条文を読んで、自由っていいなと思ったんです（笑）。それで憲法学者になりたいと思っていたんですが、学者になるのは難しそうだなぁと。それなら、裁判官もいいんじゃないかと、高校のころに司法一次試験をとりました。センター試験の一週間前が試験日でしたね。

橋下 えぇー!? 高校でとったの？ 司法一次はまず通らないし、だから誰も挑戦しないんですよね。大学の一般教養課程を修了すると免除になるので、みんな大学の教養課程を選びます。だって、司法一次は大学の教養課程よりはるかに難しくて、英語は英検1級より難しいんだから。

木村 そんなに難しかったかな（笑）。

橋下 東大の法学部の普通の入試をみんな一生懸命やっているときに、大学の一般教養課程修了レベルのやつを。やっぱりそういう人いるんだね……。

木村　でも、いざ二次試験の勉強を始めてみると、まぁつまらない。それで憲法学者を志しました。

橋下　憲法学者としてどうするんですか？　憲法学者でずっと生涯を送っていくわけ？

木村　えーと、まあ（笑）。

橋下　ずっと憲法だけで？

木村　憲法だけといっても、やることはたくさんあります。具体的な訴訟に関係するものだけでも、たとえば、生活保護と選択的夫婦別姓裁判の弁護士の相談に乗ったり、辺野古（へのこ）訴訟に意見書を書いたりしました。そういえば、橋下さんは夫婦別姓や同性婚には賛成の立場を取っているんですよね。

橋下　僕は夫婦別姓やＬＧＢＴを否定する類の人間のように思われることが多いですが、そんなことないんですよ。たとえば夫婦別姓は、選択制だし、否定する理由ないもんね。やりたい人がやって、やりたくない人はやらなければいいんだから。今、政治のふがいなさにしびれを切らして裁判で実現しようとしている人も出てきましたが、あれは政治でやろうと決める話だと思います。しかし自民党は反対でしょうし、維新の会も個人の価値観で嫌がるメンバーが多いですね。松井（一郎）さんは、「俺自身は別姓にしないけど、別姓にしたい人はそれでいいやんか」と言っています。

僕も同じ考えです。同性婚だって、僕自身は同性愛者じゃないけれど、他人が同性で結婚したいならそれを否定する理由はありません。だって彼らは誰にも迷惑をかけていないんだから。選択的夫婦別姓や同性婚に反対している維新のメンバーにその理由を聞いても、理屈はなくて「そういうのはイヤ」と言うだけ。自民党が夫婦別姓反対、同性婚反対でいくなら、野党は、自民党が示すのとは別の選択肢を国民に対して提示し、選挙で有権者に選んでもらうようにするのがその役割だと思います。

木村　野党としてあれだけいろいろな政党があって、夫婦別姓や同性婚を選択可能にする法案も提案されているのに、大きなアピールにならないのが残念です。国民も、もっと積極的に声を上げて、よい提案をした野党を支えてもよいと思います。

最近は、中間層を反映する政党がないように感じます。中間層は、あまり大きな声を上げない。だから、もともとはいたってまともな保守系の政治家であっても、ネット右翼の言説に迎合していく傾向がある。他方で、立憲民主党や共産党も、国民の支持が広まらないものだから、極端な護憲派を見て動かざるを得なくなる。そんな悪循環に、どの党も陥っているのは残念だと思います。

橋下　夫婦別姓はつきつめると戸籍の問題にぶつかるのですが、マイナンバーで管理する時代に戸籍なんかいらないでしょう。だいたい先進国で夫婦同姓を強要しているのは日本くらいです。お父さん、お母さん、子どもの姓がばらけたからといって、家族の一体感が失われるわけじゃない。別姓でいい人がいるならいいじゃないですか。国会議員ごときが、家族の一体感を確保するには同姓でなければならないと国民に強要するなんておこがましいですよ。

木村　今は夫婦別姓のまま法律婚を認める制度がないので、別姓を望むカップルは事実婚でやるしかない。これではかえって、法的な保護を望んでいるカップルを、不安定な状態に追い込んでしまいますからね。

橋下　これくらいの制度を変えられないような政治が、財政やら社会保障制度やらなんやらで、日本の国を立て直せるわけがない。夫婦別姓や同性婚の話だけではなく、僕が政治家のときに、自分の特定の価値観を有権者に押し付けることはほとんどありませんでした。国歌起立斉唱条例だって、府民には強要していません。公務員である教職員だけに義務を課しました。府民は好きにやればいいんです。なのに「ハシズム」とか言われて（笑）。そりゃぁ、巨大な役所組織を動かし、これまで定着していたルールや制度や慣行を変えるには、一定の権力を行使しなければなりません。やはり「力」が必要です。そのような経験のないインテリたちは、「力」を極度に嫌がりますね。

今回の北朝鮮問題であらわになったと思いますけど、自分で進むべき道を決めて、その道を歩んでいく力強さが日本には足りない。そこに忸怩たる思いがあります。金正恩はなんだかんだと言っても自分の方針を貫いていて、あの背景には軍を持っていることがあると思う。だから僕は、日本も最終的には自国を守るための軍を持つべきだと思っているんだけど、日本には軍を持つための前提条件が欠けているよね……。政府のモリカケ問題へのひどい対応をみていたら、太平洋戦争と同じようになるわって思ってしまう。

木村 国歌起立斉唱条例については、職員・教員に強制すると、彼ら/彼女らは府民や子どもたちにも強制しようとするおそれがあります。条例に「府民や子どもたちは自由であり、知事や職員・教員は、府民や子どもの自由を最大限尊重しなくてはならない」としっかり明記すべきかと思います。

軍の議論については、確かに、今の政府の対応を見ていると、仮に日本が軍事力を持ったとして、それをうまくコントロールできるとは、思えません。改憲を主張する側が、やたら好戦的なのも、信頼を失わせますよね。「我々に任せても大丈夫ですよ」

と国民の信頼を醸成しなければいけないところで、護憲派を罵倒したりする。

橋下　あんな嘘をつく政府やそれを見破れない国会議員に、軍事力は任せられない！　財務省の公文書改ざん問題を見てもさ、国会の答弁で、ああいう嘘を組織ぐるみで堂々とつくんだもんね。テレビに映って、全国民が視ている前で、よくやれるよなと思って。

木村　あれだけひどいことをしても、支持率が下がらないというのは、安倍政権への期待がもともと高くないということですよね。あれだけ文書をいい加減に扱ったら、「期待外れだ！」と怒られて当然ですが、もともとが「あんなもんだろう」と思われているので、大きな怒りにならない。行政の公正と透明性について強く期待されていると政府が自負しているなら、あんな対応は怖くてできないでしょう。

橋下　うーん、安倍政権に対する評価はちょっと違うかな（笑）。個別にいろいろ問題があるにせよ、失業率の低下をはじめ、やはり経済指標では好材料が多々あります。うちの娘も速攻で就職が決まっちゃったからね（笑）。政権批評は別の機会に譲るとして、朝日新聞がスクープしなかったら、「関係書類はすべて廃棄しました」で公文書改ざんは闇に葬られて終わっていた。これは安倍政権の大失態、大チョンボだし、それを見破ることのできない与野党国会議員の能力不足です。自民党や維新・国民民主の野党も「軍を持つべきだ！」とか「自国は自分で守る！」とか威勢のいいことばかり言うんだけど、こんな国会議員や日本政府にフリーの軍事力なんて渡すことはできないよね。

靖国の問題にしても、政治家は「中国や韓国を気にせず靖国参拝！」と口だけです。僕もぬかっていたんだけど、このあいだ初めて大阪の旧陸軍省真田山墓地を訪れました。アメリカのアーリントン墓地のように兵士を祀っている墓地が全国で80か所ほどあります。でも日本が戦争に負けて、GHQによる軍国主義体制の解体に伴って、旧陸軍省墓地は国からずっと放ったらかしにされてきました。「ああ、この国は戦争で命を落とした方々をこのように粗末に扱う国なんだ。これでは、とてもじゃないが、軍なんか持てないな」と感じました。「英霊に尊崇の念を表せ！」と威勢のいいことを口にする国会議員は、この放ったらかしにされている旧陸軍省墓地をまずなんとかすべきです。自分たちの国を自分たちで守りたいという思いがあるなら、まずはそれを可能とするための国の前提条件を整えなければなりません。

木村　私が気になっている前提条件は、沖縄に米軍基地が集中していることです。安全を享受しながら、基地を身近に感じなくていいという状況は、本土の人にとってすごく快適な環境なのだと思います。そんな快適さのなかでは、本土の人は安全保障政策を変えようとは思わないでしょう。もしも全国の小学校で、米軍機が飛ぶたびに騒音で授業が中断するような状況になったら、日米安保を考え直す議論が出るのかもしれません。

橋下　そうですね。対談でも話したけど、沖縄の問題は手続法を考えるしかない（第3章参照）。手続法を作ろうとすると、今は他人事だけど沖縄県以外の国会議員や自治体も、基地が設置される地域の住民の声をどこまで聞くべきかについて必死になって考えるようになると思う。住民の声を重視すれば沖縄の基地は否定されることにつながり、住民の声を軽視すれば、米軍基地が沖縄から自分の地域に移転されることにもつながるんだから。

木村「日米関係が……」「核の脅威が……」と実態論だけを主張し合ったところで、価値観は十人十色だから、話のまとまりようがない。その点、橋下さんは手続き論をとても重視していて、ガバナンスの現場にいた人だと感じました。

橋下　知事と市長をやってわかったのは、何が正しいのかは人間ごときにわからないということです。役所で出世してきた優秀なメンバーが議論してもわからない問題が、トップである首長に集まってきます。正しいものがわからないからこそ、仮に正しくない結論になったとしても、みんなに納得してもらうような手続きを政治家は踏むべきなんです。

木村 今回の対談で手続法の大切さを再確認しましたね。

橋下 僕が木村さんと話していて面白かったのは、権力=悪と感情的に考えていなかったこと（第2章参照）。権力がない、無秩序こそ悪だという発想がベースになっていた。もちろん権力に対して厳しく指摘はするけれども、権力がなくなることがいいとは思っていない。ここは、僕が政治家として権力を考えるベースとまったく同じです。インテリの人たちは、とにかく権力=悪から始まりますからね。

木村 単に権力反対というのは、何も考えていないのと一緒です。自衛隊違憲論にもいろいろあって、本当に〝さわやか〟な議論がありますからね。「とにかく、絶対に違憲！」というだけで、日米安保も自衛隊もなくなったときに何が起こるのかについては考えない。

橋下 現実の悩みが、そこに存在しない。やはり僕は弁護士としても政治家としても実務をやってきたから、現実に悩まない人とは議論が進まない。理想にだけ生きる人は現実が見えなくなっている。一方で現実ばかりだと、現実はこうだから仕方ないとあきらめるばかりです。理想論と現実論とを行ったり来たりしないといけない。

木村 橋下さんは現実論を話しつつも、憲法改正案に教育無償化を盛り込むなど（第

6章参照）、理想論も大切にしている。今回の対談を通して、われわれの共通の敵は〝さわやか〟なのかもしれないと思いました。納得がいかないところは、徹底的に議論したので、話はかなり込み入りましたね。

橋下　憲法にまつわる議論を集中的にできて、僕たちは楽しかったけどね。話題がマニアックになりすぎて、読んでくれる人をおいてけぼりにしていないか、ちょっと気になるんだけど（笑）。

（２０１８年６月26日）

第1章
憲法に何を書いてはいけないのか

この章で話題になる憲法や法律

〈自民党日本国憲法改正草案　第24条〉

家族は、社会の自然かつ基礎的な単位として、尊重される。家族は、互いに助け合わなければならない。

〈日本国憲法　第3章　国民の権利及び義務〉

第26条　2　すべて国民は、法律の定めるところにより、その保護する子女に普通教育を受けさせる義務を負ふ。義務教育は、これを無償とする。

第27条　すべて国民は、勤労の権利を有し、義務を負ふ。

第30条　国民は、法律の定めるところにより、納税の義務を負ふ。

〈旧民法　第900条〉

同順位の相続人が数人あるときは、その相続分は、次の各号の定めるところによる。

一　子及び配偶者が相続人であるときは、子の相続分及び配偶者の相続分は、各二分の一とする。

二　配偶者及び直系尊属が相続人であるときは、配偶者の相続分は、三分の二とし、直系尊属の相続分は、三分の一とする。

三　配偶者及び兄弟姉妹が相続人であるときは、配偶者の相続分は、四分の三とし、兄弟姉妹の相続分は、四分の一とする。

四　子、直系尊属又は兄弟姉妹が数人あるときは、各自の相続分は、相等しいものとする。ただし、嫡出でない子の相続分は、嫡出である子の相続分の二分の一と……する。

政治家は憲法を読んでいない？

橋下　せっかくこうして木村さんと憲法について対談できるので、いろはの〝い〟を教えるものよりも、政治をやっている人間が見て参考になるようなレベルを目指していきたいですね。

というのも、憲法の話は国会議員でさえもよくわかっていないんですよ。僕が代表をやっていたとき、維新の会の国会議員と話をして驚いたことがありました。議員なのに憲法の教科書で薄いものすら読んでいない。一番驚いたのは自分の思い描く国家像や、国の理想像を書くものが憲法だと思っていた議員が多かったこと。だから憲法草案に「家族を大切に」「皇室を大切に」みたいな話を入れ込もうとしていたんですが、それは違う。憲法は宗教本でも思想本でもない！　憲法というものはなんなのかを理解していない人たちが国会議員に多いんだと衝撃を受けました。でも僕自身がそういう政治家を誕生させたんだから、衝撃を受けたってしょうがないんだけどね……。そこは反省しながら、でも憲法の基本を知らない人たちが今、国会議員をやっていて憲法を論じている。びっくりします。

木村　維新の会では、リクルートのプロセスで憲法の知識を考慮していなかったんですか？

橋下　まったく考慮していなかったですね。正直、時間的余裕がなく、試験をやるほどのマンパワーもありませんので、そこまでの吟味はできないです。でも今思うとプロの法律家レベルの知識でなくても、憲法について基本知識を持つのは政治家として最低限必要だと思います。権力者に対して、権力を適正に行使させる源が憲法。ところがその権力者自身がそもそも憲法というものを知らなければ、権力者が憲法に則って権力を行使することなどできませんからね。

木村　議員は立法府で仕事する人たちなんですから、立法の前提となる知識は知っておいてほしいですね。

橋下　憲法と法律の違いは憲法を勉強して初めてわかります。「憲法は国の一番重要なルール、理想像だ」というレベルじゃ困る。理想の国家像を入れ込むものだと思っている人は、維新の会に限らずいるんじゃないかな。自民党の改正案をみると「家族は、互いに助け合わなければならない」などと書いてありますし。

木村　悪意があるのではなく、単に誤解や勉強不足が原因になっていると。

橋下　そうです。憲法に入れ込むもの、入れ込んじゃいけないもの。そういうところから始めたほうがいいのかもしれません。

木村 面白い論点ですね。では、最初は「何を憲法に書くべきじゃないのか?」をテーマに話しましょうか。

憲法は国に対する義務規定

木村 その前にまず、憲法の基本について簡単に説明できればと思います。「憲法」を一言で説明すると「国家権力を縛るもの」です。国民が安定した生活を送るために、国家権力はなくてはならないものです。しかしその一方で、国家権力はあまりに強大なため、ほかの国と戦争を起こしたり、国民を弾圧したりと濫用される可能性があります。しかも、濫用された場合の害悪は計り知れません。

そこで、主権者である国民は、過去の国家の失敗の経験を踏まえて、そうした失敗を繰り返さないように、国家に権力を与える条件を憲法に書き込むのです。国民を弾圧しないように「基本的人権の尊重」を定めたり、権力が集中しすぎないように「三権分立」を説いたりします。憲法は、権力のあり方や、その限定を定める法典なのです。

橋下　そうそう。憲法は極めて実務的で、国家権力をどう動かすのかを定めるものです。

木村　家族を大切にするかどうかは、最終的には個人が自ら考える道徳の領域の話であって、憲法に書くべきことではありません。ときどき、「家族を大事にするのは当たり前のことなのだから、憲法に書いたって、特に悪いことは起きないだろう」という人もいます。

しかし、こういった文言を憲法にうかつに入れてしまうと、せっかく憲法が定めた権利保障を解除するために使われることになります。たとえば、自分ではどうにも生活できなくなった人が生活保護を申請しようとしたときに、「憲法に書いてあるので、家族の扶養でどうにかしてください」「憲法に書いてあるので、家族で助け合えない人は援助しません」といった対応を許す解釈を導く可能性があります。

橋下　日本のこころの改正案もどうかと思いますね。前文に「四囲を海に囲まれ、四季が織りなす美しい風土の中で、時に自然の厳しさと向き合いながら、自然との共生を重んじ」と書いていますが、そういうポエムは憲法に入れるべきではありません。

木村　国家の理想像としてポエミーなものはよくない。その感覚はよくわかります。でもあえて聞きますが、一方で憲法には「人権を尊重しよう」「侵略戦争はいけない」

ということも書かれていますよね。人権尊重も平和主義も理想の国家像のひとつではあると思うのです。「家族を大切にする」とする国家像と、「人権を尊重し、平和を大事にしましょう」とする国家像とは、何が違うのか。そしてなぜ前者を憲法に書いてはいけないのでしょうか。橋下さんは「家族を大切に」と書こうとしている人に、どのように説明しますか。

橋下　確かに、人権尊重は守らなければいけないベースラインだと感じますが、家族尊重との区分けは非常に曖昧ですよね。「『家族を大切にしよう』もベースラインだ」と言い張ることもできます。あるいは、今の日本国憲法は個人の多様な価値観を認める「価値相対主義」なので家族尊重という価値観を押し付けるべきではない、と言っても、人権尊重だってひとつの価値観でしかないとも言えます。しかし、やはり憲法は個人の価値観をひとつに決めるべきものではないですよね。木村さんはどうやって説明しますか。

木村　今の憲法は、「個人の価値観は多様であり、なおかつ、そうした人々が共存できる国家でなければならない」とする、近代国家の価値観をベースラインにしています。「家族を大切に」という価値観は、あくまで個人のレベルで決定すべき価値観であり、「多様な価値観の尊重」という近代国家の価値観を壊しかねないという説明になると思います。ですから「家族を大切に」と憲法に入れたい人を説得するためには、近代国家のベースラインとなる価値観を共有するところから始めないと、議論を止められない気がします。

橋下　うーん。その言い方をしても「近代国家の価値観の捉え方の違いですね」となってしまいませんか？　「人権を大切に」は近代国家の価値観としてOKで、「家族を大切に」は近代国家の価値観としてダメというコンセンサスはとれないんじゃないかな。議論が価値観の違いになってしまったら、もう収拾がつかないと思います。

木村　では橋下さんなら、どう説明なさいますか。

橋下　「大きなお世話論」はどうでしょう？　「家族を大切にしましょう」は本人がそう思えば、大切にできますよね。だから憲法に書くことは大きなお世話。でも「人権を大切にしましょう」は、本人がそう思っても、周囲が、特に公権力が人権を大切にしなければ本人の人権は守れなくなってしまいます。

木村　個人で考えればいい私的な領域の話と、公権力に関わる話の違いで説明できますね。

橋下　そうかもしれません。じゃあ「国旗国歌を大切にしましょう」はどうでしょうね。

木村　「大切」の意味合いによるでしょうね。「日の丸」が国旗で「君が代」は国歌である、と法律で定めるのは、単に国旗と国歌を決めているだけのことです。しかし「大切にしましょう」と書いてしまうと話は違います。国旗や国歌を大切に思うか、あるいは、国旗や国歌について何を発言するかは、内心の自由や表現の自由の対象です。国歌を歌わない人に刑罰を科したとすれば、現在の憲法の下では違憲となるでしょう。

これに対して、もしも憲法に「国旗や国歌を大切にしましょう」と書いてしまうと、国家を歌わない人に刑罰を科すことを正当化する根拠に使われる可能性が出てきます。

橋下　確かに「大切」のところが重要ですね。「人権を保障しましょう」「人権を侵してはいけません」は、権力者に向けられた命令で、個人の話ではないけれど、「人権を大切にしましょう」と国民個人に向けて言い出すと憲法本来の姿ではなくなってしまう。

木村　はい。やはり憲法は「国家権力を縛るもの」です。国家に対して命令しているのか、国民に対して命令しているのかで判断するといいのかもしれません。自民党案では、「家族は、互いに助け合わなければならない」と書いていますが、「家族は個人にとって大切なものだから、国家は、国民の家族を形成する権利をきちんと保障しなければいけません」と書いた場合はどうでしょうか？　単なる家族大切条項とは違う意味を持つのでは。

橋下　その書き方だったら、先ほど木村さんが懸念していたように、「生活保護申請者も家族の扶養でどうにかしてください」という解釈につながりませんか？

木村　もちろん、そうした解釈をする人も出てくるだろうとは思います。ただ、専門家から見たらありえないことを「こういう解釈も可能だ」と強弁する人がいるのは、ある意味仕方がない。そういう人は、無視するしかないはずです。

むしろ、専門家として、事前に対策をとって、避けなければいけないのは、「国民は家族を大切にする義務を負う」と理解される書き方でしょう。

橋下　なるほど。国家の義務として書かれるならまだしも、国民が負うべき義務として書かれることは絶対に避けなければならないということですね。

木村　そうですね。何を憲法に書いてはいけないのか、を考えていくことで、憲法に何を書くべきかが見えてきますね。

橋下　僕の持論としては、憲法は国に義務を課するものであって、国民に義務を課すべきじゃないと考えています。日本国憲法には、国民の義務として「納税の義務」「教育を受けさせる義務」「勤労の義務」の3つが定められていますよね。でもそれらの義務も憲法に書く話じゃないと思うんです。

木村　憲法学における前提を押さえておくと、憲法典に書かれた国民の義務は、権利保障を解除するためにあります。

まず「納税の義務」。憲法は財産権を保障していますから、納税の義務を定めておかないと、「税金をとるのは、財産権侵害だ。正当補償がなければ税金なんて払わない」との主張ができることになりかねません。極端な例ですが、「国民から100万円の所得税をとるには、100万円を正当補償として支払わなければならない」なんてことをしていたら税金の意味がありません。だから、納税の場面では財産権を解除しますよ、と納税の義務を規定しているんですね。

「教育を受けさせる義務」も、親の思想、信条、信教の自由を解除するものです。日本だとあまり問題になりませんが、アメリカでは、キリスト教原理主義の親が「進化論を教える学校に行かせない」という選択をすることがあるんです。ですから、子どもの公教育の場面では、思想・良心の自由、信教の自由はシャットアウトさせてほしいと考えている。

「勤労の義務」は、制定当初いろいろな理解があったそうですが、今は生活保護の場面で重要になります。生活保護法で「常に、能力に応じて勤労に励み」と書かれているのは、労働の機会と能力が十分にあるのならば、生活保護に頼らないでほしいという考えからです。このことを正当化するために勤労の義務がある、とオーソドックスな教科書には書かれています。

橋下　でも権利保障の解除、すなわち国民の権利が制限される場面は、世の中にいくらでもありますよね。そこで憲法は「公共の福祉」という概念で、国民の権利を制限する理屈を考えているのではないですか。国民に向けた義務規定が憲法になくても、権利保障の解除はできるはずです。

木村　「公共の福祉」の代表的な場面である国民の間の権利調整の場合、たとえば、芸能人の不祥事報道でたびたび問題となるような、マスメディアの報道の自由と個人のプライバシー権をどう調整するかといった問題については、国家は、自分の権利を行使しようとしているのではなくて、国民の権利を守るという義務を果たすための、調整役に徹していると見ることもできる。でも、納税・教育・勤労については、国家と国民の間に、直接の利害対立があるので、憲法にあえて書いておいた、ということだとは思います。

憲法は国家を縛るものだから義務規定は必要ない、という考え方もありうるのだろうとは思います。たとえば、納税は、「公共サービスを受ける権利」と「財産権」とを調整するものとして説明することもできるでしょう。ただ、そういうことを言っていくと、かなり抽象的な権利を根拠に、憲法が保障する権利が制約されかねない。そこで、日本国憲法の制定者は、特にこの3つだけは義務として明示し、権利保障を解除しておく選択をとったのだと思います。

橋下 なるほど。憲法論を精緻に突き詰めていくと、そういう論になるのですね。ただ、政治家や国民レベルで憲法を大きく捉えていくなら、やっぱり、憲法は権力の動かし方、使い方について国に義務を課していくものであり、国民に対して何かを強要するのはおかしい。それが一番しっくりくる説明だと感じます。だから一定の価値観に基づいた、ポエム的な日本という国の歴史的な成り立ちについても憲法に書く必要はないし、むしろ書くべきじゃない。ポエムは個人の領域です。

木村 私は、憲法には三つの顔があると考えています。ひとつ目は、国家の運営ルールを定めた法律文書としての顔。ふたつ目は、外国に対して「日本はこういう国です」と示す外交宣言としての顔。三つ目は、国民の中の歴史物語の象徴としての顔です。

法律家ではない人が憲法をめぐって議論するのを聞いていると、歴史物語の象徴としての顔がとても重視されているように思われるのですが、それについて議論すると収拾がつかなくなってしまう。憲法典は、あくまで法律文書としての役割に徹して、どのような歴史物語を描くかは、歴史書など別のところに書いたほうが、すっきりするでしょうね。

橋下　まったく賛成です。

「法律婚尊重」の不平等性

橋下　そのうえで考えてみたいのは、「法律婚を重視しましょう」という憲法の書き方はありなんですかね？　かつて最高裁は、法律婚にない夫婦から生まれた非嫡出子の相続分について不平等を定めていた民法の規定を是認してきました。これは憲法14条（法の下の平等）に反しないと言っていたわけですが、世情の変化をもとに嫡出子と非嫡出子で区分けしてはいけない、差別してはいけないと最高裁の判断が変わりました。僕も子どもを嫡出子と非嫡出子で区別することには反対です。

ただ、もし本当に日本国民が法律婚を重視すべきだと思っているならば――たとえば仮に僕に妻以外の女性との間に非嫡出子がいるとしたなら、妻は自分の子どもが遺産を多く相続できるほうがいいと言っています――憲法に「法律婚を重視しましょう」と書くことによって、最高裁はそれを重視し、法律婚にある夫婦から生まれた嫡出子の相続分を多く定める民法の規定を是認することになると思うのですが、そのあたりはどう考えますか?

木村　最高裁が非嫡出子の相続分について不平等に扱ってもよいと判断したのは、平成7年に出された最高裁決定ですね。その後、平成25年の最高裁決定で、相続分に差を設けるのは違憲であるとの判断が示され、民法の規定も改正されました。

少し補足すると、旧制度の下でも、嫡出子と非嫡出子の相続分に差が生じるのは、遺言がない場合です。

たとえば、東京太郎さんが東京花子さんと法律婚をしていて、花子さんとの間に一郎さんという子がいたとする。また太郎さんには法律婚をしていない相手、大阪桃子さんとの間にも半兵衛さんという子がいた。太郎さんが遺言をせずに3000万円の財産を残して死亡した場合、配偶者の花子さんが1500万円、嫡出子の一郎さんが1000万円、非嫡出子の半兵衛さんがその半分の500万円という形で相続をします。

もし大阪桃子さんに「非嫡出子だからといって、半兵衛を一郎さんと区別するのはやめてください」と言われて、太郎さんがその通りに遺言を書いていれば、一郎さんと半兵衛さんが相続するのは、ともに750万円ということになります。

ポイントは、法定相続分の規定は、遺言がない場合の補充的な規定である点です。誰にどのくらい相続させるかは、基本的には当事者が自らの意思で決定すべきことです。遺留分の侵害になるような場合を除けば、自分の財産を誰に相続させるかは自由です。ただ、法律に「非嫡出子の相続分は嫡出子の半分です」と書くと、非嫡出子に対する社会的差別を助長してしまう。それが一番の問題なんです。国家には社会的差別を解消する義務がありますから、そうした法律を作ることは許されないはずです。

橋下さんの奥様のように、嫡出子には多く相続させるべきだと考えるのであれば、それは個々の関係のなかで遺言を通じて行うべきだと思います。

橋下　なるほど。憲法で仮に法律婚を重視しなさいと国家に義務を課していたとしても、嫡出子と非嫡出子の相続分に差をつけるかどうかは当事者の意思の問題で、法律でわざわざ差を設ける話ではないということですね。ただ、非嫡出子の相続分を少なくする規定があったことで、男性に対して、法律婚以外の女性と子どもをもうけることに抑制的な行動を求めるような一種の規範として機能していたところもあったのではないでしょうか。

木村　不倫の防止のために規定が役立っていたという意味ですか？

橋下　役立っているというよりも、そういう規範を当事の社会が国会を通じて法律という形で示していたということではないでしょうか。でも、平成7年から25年の間に、結婚についても法律婚だけではない婚姻形態や、子どもを区別してはいけないという考え方が広がり、区別するのはおかしいのではないかという雰囲気になった。だから最高裁も変わったのでしょう。

もし、憲法に「法律婚を重視しなさい」と国に義務を課す規定があれば、今でも嫡出子を重視するという区別が許されることになっていたと僕は思うんです。かつて、平等主義を掲げている憲法14条の下でも、嫡出子と非嫡出子の間で区別することは合憲とされていたわけですから。

木村　憲法上の一般原則と違反するような内容をあえて憲法制定者が残す選択をすることを、制度的保障といいます。典型的なのは天皇制です。天皇は日本国の象徴とされており、憲法上特別な扱いをされています。これは、法の下の平等を定める憲法14条に違反することになりますが、憲法制定権者は天皇制をあえて残すという選択をしたわけです。

実は橋下さんがおっしゃっているようなことは、戦後の家族法改正以来、ずっと議論されています。憲法24条から「法律婚の尊重」を導けるのではないか、そして嫡出子の相続分を多くするという制度的保障を読み込めるのではないか、と。ただ、24条の条文構造からすれば、あくまでも婚姻における男女の平等を定めたものであって、嫡出子の優遇を制度的に保障したものと読むのは無理だろう、という形で理解されました。

橋下　憲法は国民に対してポエム的な世界を強要するようなものではなく、あくまでも国に対して、権力をどう動かすのか、権力をどう使うかについて義務を課すものだと理解するのであれば、法律婚、しかも嫡出子を重視しなければいけないという文言が憲法に入ったとしたら、平成25年の最高裁の判断が変わる可能性も出てくるかもしれませんね。司法に対して憲法がそのような命令を出したのですから。

木村　あえてそういう文言を憲法に書くということをすれば、ですね。

橋下　だから繰り返しになりますけど、「家族を大切にしなさいよ」と国民に言うのではなくて……。

木村　書くなら、司法や立法に向けたものに、ということですね。あくまで義務を負うのは国民ではなく、「裁判所は法律婚を優遇するように法を解釈・適用しなければならない」とか、「国会は法律婚を優遇するように法を制定しなければいけない」といったように、司法や立法府に義務を要求するものでなければならない。

橋下　そう。やはり義務規定も含めて、国民向けに特定の価値観を強要するような条文はダメですよ。憲法99条で定められている憲法尊重擁護義務の対象から国民を外したところに重要な意味合いがあると思います。

木村　3つだけとはいえ国民の義務規定があることで、憲法の役割が複雑になっている面は否めないですね。

橋下　ここまで言っておきながらだけど、嫡出子、非嫡出子は平等であったとしても、やっぱり自分の妻のことを考えると法律婚の妻は一定の保障がある法制度のほうがいいな（笑）。これも厳密に考えると法律婚にあるかどうかではなくて、どれだけ相続財産の形成に寄与したかという実質を考えなければならないんでしょうけどね。法律婚でも形だけの妻もいるし、法律婚でなくても一生懸命尽くした妻もいるでしょうからね。

間接適用説を知らない国会議員

橋下　僕も憲法を勉強するまで知らなかったのですが、「間接適用説」という考え方は目からうろこでした。きっと憲法に国民向けに特定の価値観を強要するような条文を書こうとしている政治家は、間接適用説という考え方を知らないんじゃないかと思うんですよね。

木村　間接適用説について少し解説します。憲法が保障しているのは、日本国籍を有する個人が、国家つまり日本国の機関——国会、内閣、裁判所、中央政府の機関はもちろん、地方公共団体も含めた広い意味での日本国全体のことです——に対して主張できる権利です。個人の人権は国家以外の相手に対しては主張できない、というのが原則になります。

ただ憲法が保障している権利のなかには、国家と国民ではなく、国民同士の関係のなかで適用されることが予定された条文もあります。たとえば、労働基本権や労働組合を作る権利は、労働者が自分たちの使用者に対して主張する権利です。ほかにも、信教の自由や思想・良心の自由などは、国民同士の関係にも直接適用できるという議論があります。これを直接適用説といいます。

一方、間接適用説は、あくまでも憲法による義務を負うのは国家であって、個人の間に憲法が適用されるように見えるのは、あくまでも国家機関が憲法上の義務を果たした結果にすぎないと考えます。

たとえば、使用者が、労働者の思想・良心や信仰に反する命令を出し、労働者がそれを拒否して解雇されたとしましょう。労働者が、「この解雇は私の思想・良心の自由（あるいは、信教の自由）を侵害するので無効だ」と裁判所や労働基準監督署に訴えたとします。この時、裁判所や労働基準監督署は、「使用者による解雇が、労働者の思想・良心の自由を侵害しているか」という問いを立てるのではなく、憲法が思想・良心の自由や信教の自由を保障した趣旨を参照しながら、民法や労働法を解釈・適用し、解雇の有効性について判断していくことになります。国民は、あくまでも裁判所や行政機関に対して、憲法の趣旨に沿った判断をするように求めているのであって、使用者に対して憲法上の権利を直接行使しているわけではない。この点が直接適用説と異なります。現在は間接適用説が通説とされていますね。

橋下 国会議員にしろ、メディアのコメンテーターにしろ、ある国民の行為について「それは憲法違反だ！」「言論の自由を侵害している！」とよく言いますよね。

木村 最近はよく聞きますね。誰かのことを批判すると、言論の自由の弾圧だって言われる（笑）。

橋下 批判する国民のほうにも言論の自由があるわけですよ。

木村 そうです。大阪市長の職務としてのつぶやきなら別ですが、橋下さんが個人の発言としてツイッターで誰かのことを批判しても、それは言論弾圧ではない。むしろ橋下徹の言論の自由です。

橋下　国民の間で憲法の「言論の自由」を直接適用してしまうと、お互いに人権があるわけですからぶつかってしまうのは当たり前です。だから、損害賠償などの法律のなかで、表現の自由やプライバシーなどを調整していきましょう、という考え方を取るのが間接適用説です。

国会議員はこのことをほとんどわかっていないんですよ。だから憲法というものは、国民に対してダイレクトに押し付けることができるものだと思っている。政治家って、自分の思いが強すぎて傲慢になってしまうものです。だから「家族は大切にしなくちゃいけない」「国旗国家を大切にしよう」「神武天皇から続く歴史があって、日本の国柄は大切にしなくてはいけない」といった「日本国民にこうしてほしい」という思いを憲法に入れようとする。大きなお世話ですよね。

別に政治家をバカにしているわけではないんですよ。僕も憲法を勉強していなかったら憲法は国民が守らなければいけないルールだって考えていたかもしれません。

木村　憲法は、義務教育のなかで教えるはずのものなのですが。

橋下　みんな3大原則の「基本的人権の尊重」「国民主権」「平和主義」くらいは言えます。でも、憲法は国の義務規定であることや間接適用説までは教えられていないでしょう。

木村　3大原則の前に教えなきゃいけないことですね、きっと。

橋下　たぶんそう。「憲法って国民が守るルールではないんだよ」ってところから話を始めないといけないんでしょうね。

（2018年3月9日）

第2章

本当の「立憲」の話をしよう

この章で話題になる憲法や法律

〈日本国憲法　第25条〉

すべて国民は、健康で文化的な最低限度の生活を営む権利を有する。

〈日本国憲法　第21条〉

集会、結社及び言論、出版その他一切の表現の自由は、これを保障する。

〈地方教育行政の組織及び運営に関する法律〉

第4条　教育長は、当該地方公共団体の長の被選挙権を有する者で、人格が高潔で、教育行政に関し識見を有するもののうちから、地方公共団体の長が、議会の同意を得て、任命する。

2　委員は、当該地方公共団体の長の被選挙権を有する者で、人格が高潔で、教育、学術及び文化（以下単に「教育」という。）に関し識見を有するもののうちから、地方公共団体の長が、議会の同意を得て、任命する。

〈日本国憲法　第79条〉
最高裁判所は、その長たる裁判官及び法律の定める員数のその他の裁判官でこれを構成し、その長たる裁判官以外の裁判官は、内閣でこれを任命する。

権力の縛り方

橋下　今、「立憲」という言葉が飛び交っていますけど、木村さんは立憲主義についてどのように考えていますか。

木村　立憲主義は主権とセットだと思っています。私はけっこう主権にこだわるタイプなんです。近代国家論とは、主権国家論です。主権とは、外国から口を出されないという意味で対外的に独立し、領域内では誰も逆らえないという意味で対内的に最高の権力です。それだけ強い権限を国に与える以上、国民の権利を守るとか、権力分立の規定とか、様々な安全装置をかけておかなければなりません。そこで、主権と立憲主義をセットで作るべきだというのが私の理解です。

橋下 権力は常に濫用されるから憲法があるということですね。実際政治家になってみて、権力は絶対に濫用されるし、権力を持ち続けたら人間がおかしくなることもわかった。だって自分の一声で何万人、何十万人もの人が動くわけで、それはおかしくなりますよ。

憲法に則らないと、政治家は主観で権力行使してしまいます。なんの根拠もなく権力を行使するのは「立憲」ではないですよね。ちょっと対義語はわからないですが。

木村 最近は「非立憲」と言われます。

橋下 この「立憲」「非立憲」という言葉の使い方について、最近疑問に思っていることがあります。先ほど木村さんは憲法の定義について「国家権力を縛るもの」と言いましたよね。では「縛る」とは、どういうことを指しているのでしょうか。

僕は、政治家になるまでは権力者の権力の行使範囲を縮小させるのが「縛る」ことであり、それが立憲だと考えていました。でも、そもそも立憲とは権力者が権力を行使するときに、その主観ではなく憲法を根拠にするということですよね。権力を縮小することが「縛る」ことではなく、権力者に憲法を意識させることが「縛る」ことだと思うのです。つまり巷(ちまた)では「○○してはいけない」と権力を縮小するのが立憲だと思われていますが、逆に憲法を根拠として「○○する」というのも当然立憲だと思うのです。権力は適切に行使しなければ国民のためになりませんからね。

木村　それはそうです。たとえば「憲法が生存権を保障しているので生活保護を積極的にする」というのも権力の行使であり、立憲であると言えます。

橋下　憲法25条で「すべて国民は、健康で文化的な最低限度の生活を営む権利を有する」と書いてありますから、その達成のためには国家権力を行使する必要があります。

木村　「縛る」という言い方は、本来は「やってはいけないことをやらせないようにし、やるべきことをやらせる」という意味のはずです。ただ、正しいことをやらない不作為よりも、悪いことをする作為の方が目につきやすいので、「やってはいけない」という印象が強く出てしまう。そうすると、「あれはダメ、これもダメ」と、単に国家権力を縮小させればよいかのような勘違いが生まれて、やるべきことを縮小させるような印象がありますよね。

橋下　そうですよね。でも安倍政権に反対の憲法学者たちが「立憲」という言葉を使う際、「権力を縮小させること」を意味していると強く感じます。たとえば、自衛権の範囲を広げる安保法制を非立憲だと批判したり、憲法9条の自衛権は個別的自衛権であることを明示する憲法改正案を立憲的改憲だと自慢したりする。

木村　私も最初に憲法を勉強したときに、権力とは悪なのかな？　と疑問に思っていたので橋下さんの疑問はよくわかります。

なぜ「縛る」「縮小する」と言われるのか考えると、国家が権力を濫用し、非道を尽くした明治憲法の歴史があり、その反省から、自由を保障する新憲法ができたという文脈があります。「国家権力は危険だから監視すべきだ」というところから出発しているので、権力の積極的な行使を要求する社会権ではなくて、権力を制限する自由権が強調される傾向があるのだと私も思います。

けれども、長尾龍一さんという私の好きな法哲学者は、憲法に先立つのは権力悪ではなく、権力不在による混乱だと指摘します。ちょっとした諍いからしょっちゅう戦争をしていた中世や、内戦の続く地域のことを考えてもらえればわかることですが、安定した強い政府のない社会は、人々にとってとても過酷です。

無秩序という悪を是正するため、主権国家権力を頑張って打ち立てた。こうしてようやく安定した生活を手に入れると、今度は、その権力が濫用されないようコントロールしようという段階になり、憲法が必要だ、となる。この順番が重要です。

橋下　そうそう。木村さんもそう思っているんだね。その認識は重要ですよね。私が憲法を教える際も、まず「無秩序はまずい」というところから入ります。

木村　重要だと思います。現代的な国際秩序のなかで、もっとも悲惨と評価され、国際社会が迅速に対応すべきとされる地域は、悪い政権がある地域ではありません。権力が樹立せずに内戦が止まらない地域なんです。まず主権国家をつくり、内戦を抑え、治安と安全を確保することが必要です。だから、少し前までのイラクやシリアの状況に比べれば、軍政時代のミャンマーや北朝鮮のほうがまだましでしょう。

その段階をひとつ登ったあと、やはり独裁政権、人権侵害を平然とやる国は、国民の権利のためにまずいので、もう一段階立憲主義という階段を上ってくださいというイメージなんです。

橋下　権力がないことでの無秩序や権力がないことでの悪というものがある。でも憲法改正に反対の人や権力を批判する人たちにはそういう認識がありません。とにかく権力は悪だから権力を縛れ！　縮小しろ！　なくせ！　などと言いますが、実はそれが無秩序による悲惨な状況に繋がるリスクをわかっていないんです。だから彼ら彼女らは、立憲という概念をもっと深く考えて、捉え直す必要があると思います。

木村　そうですね。そういった思考は大事です。イラクのフセイン政権は独裁体制で、人権侵害などのひどいことも行っていました。しかし、フセイン政権の破壊がもたらしたのは、独裁以上に過酷な混乱でした。だから、ひどいことをやっているのだけれども権力が安定している国について、その権力を破壊すべきかどうかの判断は、すごく難しいんです。権力を破壊すればいいという発想だと、とにかくつぶせという非常に怖いことになってしまいます。

橋下　もしフセインが悪いならば、フセインを交代させる必要はありましたよね。けれどもフセイン個人の属性から離れた統治権力システムそのものまでも破壊してしまったら、本当に無秩序になってしまう。だから統治権力システムは残したうえで、フセイン個人だけを倒すべきだったんです。

木村　そこが立憲主義ですね。「権力を守りながら」というより、権力自体は「重要な公共財」なんです。しかしそれは、本質的に悪い方向に使われる傾向があるものなので、安全装置を一生懸命かける必要があります。

立憲とは憲法を拠り所にすること

橋下　権力＝悪ではないですし、権力の縮小が「立憲」でもありません。権力に憲法を意識させることが立憲だと思うのです。

僕も大阪府知事・市長時代には権力を行使するときは常に憲法を意識していました。

内閣でいうところの法制局のような法務担当のメンバーがいるので、憲法的観点から意見をもらっていました。

たとえば、ヘイトスピーチの禁止条例を作ろうとしたとき、僕も法律家なのでスピーチする側の表現の自由については承知していたのですが、在日韓国人の多い大阪市という状況を踏まえ、強烈に禁止をかけようと思ったのです。そのとき「このような表現はヘイトだ」と僕が具体的に条文で決めて、厳罰を科することもできたと思います。しかし、権力者が直接、特定の表現を禁止し罰を科することは非常に危険です。独裁国家は常に権力者批判を封じて、独裁体制を維持しますので、権力者による直接の表現規制は独裁国家への始まりです。この点、一部インテリの人たちは、普段は権力の横暴を批判し、表現の自由の徹底保障を主張するのに、自分の価値観と合わないヘイトスピーチ側の表現は厳しく規制せよ！　と簡単に声を上げる。そこに深い悩みが感じられません。表現の規制というのは慎重にも慎重であるべきなのです。そこで、僕は専門家による審議会できちんと議論してもらうプロセスを踏みました。そうすると、いわゆるヘイトスピーチを直接規制することはやはりダメで、「この表現はヘイトに当たります」と「公表する」までが限界だという結論になりました。欧州では直接規制している国もあり、一部インテリたちも厳罰を伴う直接規制を声高に叫びますが、ここ日本においては、憲法21条の表現の自由の保障があるがゆえに、直接規制は不可となったのです。

木村　今のお話の流れだと、「橋下市長の権限が憲法21条で縛られた」と表現するのは、必ずしも正しくないと理解されているのでしょうか？

橋下　いやいや、僕の権力行使が制約を受けたという意味では「縛られた」ということになるのでしょうが、しかし条例を作ったという点では権力を行使した、すなわち権力を拡大したのです。つまり、縛られたかどうかが重要なのではなく、権力行使にあたり、きちんと憲法を意識し、憲法を拠り所にしたかどうかが重要なのです。

木村　橋下さんは、ヘイトスピーチへの対応について、21条と対話をしながら決めていったと。つまり、憲法は単に権力を縛っているだけではなく、権力を行使するときの拠り所になっているってことですね。イメージがよくつかめました。

橋下　ヘイトスピーチ禁止条例は、前例のないところから、つまりゼロから行動を起こしました。こういうときにこそ、権力者は憲法と対話する必要があります。だから行動が制約されるというよりも、憲法と対話をし、それを拠り所に、権力を適切に拡大していくというイメージです。

木村　対話によって様々な発見をし、無茶なことをしないようにしながら、自分のやりたいことを進めていくと。それは、まさに立憲的な態度ですね。
おそらく「立憲的改憲」「非立憲的改憲」とおっしゃっている人たちのイメージは、拷問や侵略戦争をできるようにするような改憲は「非立憲」であるという趣旨で言われているんだと思います。

橋下　拷問や侵略戦争というのは極端な例で、権力というのは、日々あらゆる領域で、大きなことから細かなことまで行使されているのが政治行政の現実です。抽象論で考えると、権力行使とは拷問、侵略戦争というようなものをイメージしてしまうのかもしれませんね。さらに、彼ら彼女らは、自分たちの主張こそが正しい＝相手の言動は間違っているという理由として「自分たちは立憲だ」と言っているにすぎない。本来は、相手の言動の過程に憲法との対話があったならば、自分たちの主張に合う、合わないにかかわらず立憲的だと認めなければならないのではないでしょうか。自分たちの主張に合わない場合は「非立憲」という言葉を使わずに、相手の言動の内容について具体的に批判したらいいと思うんです。

木村　メディアに出るときには、わかりやすいキャッチコピーばかりが目立ってしまいますが、「非立憲だ」と批判している人たちも、丁寧に内容を見ていけば、それなりの根拠を示しているだろうとは思います。その具体的な根拠のところまで国民的な議論になかなかならないのが残念です。

橋下市長のやってきたことは、メディアだけを見ていると強権的なイメージで語られることも多いですが、もっと詳細に見てみると、その背景には、意外と憲法を拠り所に丁寧な議論をしているわけですよね。

橋下　「意外と」というより「めちゃくちゃ」拠り所にしていますよ（笑）。

木村　それはやはり、橋下さんが弁護士出身だからでしょうか？

橋下　弁護士出身ということもあるでしょうし、僕の政治家としての基本哲学でもあります。イデオロギーにとらわれない。レッテルを貼らない。中身の合理性をしっかり問うていく。そのためにも僕はルールに一番重きを置いています。ルールに基づいて権力を行使するというのが、僕の政治哲学の基本なんです。

たとえば、朝鮮学校に対する大阪府の補助金を止めました。これは僕が大阪府知事のときにやったことです。ちょうど北朝鮮のミサイル問題、拉致問題が騒がれたときです。

木村　これは少し確認したいんですけど、止めたのは授業料を軽減するための補助金ですか？

橋下　大阪府分はそれも止めましたが、それに限らず学校運営経費への助成も含めた私学助成全部です。私学助成を止めたときには散々「権力の濫用だ」「子どもの教育を受ける権利を侵害している」と言われました。確かに僕は実際に助成を止めましたが、権力者の政治的な主観で止めることはやってはいけないと思っています。

木村　ええ、個人的な政治信条でそんなことをしては絶対にいけません。

橋下　現在、教育の政治的中立性を確保するために、政治が教育に過度に介入することを防ぐ様々なルールが存在します。それが教育委員会制度です。では、逆に教育現場が政治に介入する場合はどうなのか。教育現場が過度に政治的になっていていいのか。政治から教育への介入だけでなく、教育から政治への介入も教育の政治的中立性を害する問題です。僕が担当部局に「教育現場が過度に政治的になることを防ぐルールはあるの？」と聞いたら「ない」と言われたので、そのルール作りを始めたのです。

朝鮮学校は、北朝鮮国家とつながりの深い朝鮮総聯との関連があやふやでした。また教科書では国家指導者である金一族を神格化し礼賛する記述など日本の学習指導要領に反する箇所が多くあり、学校内には金一族の肖像画を掲げていました。そして補助金として多額の税投入がされているにもかかわらず財務諸表が不透明で、補助金が北朝鮮国家に回されているのではないかという疑念が常につきまとっていました。

そこで、私学助成のルールとして、４つの条件を定めました。

❶特定の政治団体と一線を画すること
❷特定の政治指導者を崇拝しないこと
❸教科書は学習指導要領に則ること
❹財務諸表は公開すること

このルールは、朝鮮学校だけではなく、もちろん全学校に適用しました。その結果、朝鮮学校が条件を満たさないことになりました。❶は学校と朝鮮総聯との幹部人事交流を中止し、❸は大阪府の審議会が教科書をチェックしながら1年ほどかけて教科書改訂をし、❹は公開を実施することで条件を満たしたのですが、❷だけは解決しませんでした。学校は教室内からは金一族の肖像画を外しましたが、校長室の肖像画は断固として外しません。大阪府議会は、この4つの条件を審議するにあたり、❷を満たさないと判断し、最終的に朝鮮学校への私学助成は中止となりました。その後大阪市長に転じた後も同じルールを作り、朝鮮学校への私学助成を中止しました。

このように、僕は「北朝鮮が嫌いだから」「ミサイル問題や拉致問題で北朝鮮情勢が悪化しているから」などという政治的主観で補助金をストップさせたわけではありません。ルールを満たしていれば出すし、ルールを満たしていなければ出さない、それまでです。

今は国や多くの自治体で朝鮮学校の補助金がストップとなっています。ただしこれは「北朝鮮情勢の悪化」が理由です。しかし大阪は違う。大阪の場合にはルールを満たしてくれれば、どれだけ北朝鮮情勢が悪化しても補助金は出すのです。

僕は全国に先がけ朝鮮学校の補助金をストップさせたので、猛批判を浴びました。もちろんこの対応には賛否があるでしょう。しかし、憲法と対話し、ルールを意識し、ルールを作ったうえでそれに則って権力を行使したという自負があります。だから、「立憲的でない」「非立憲だ」と批判してくる憲法学者には頭来ますね（笑）。

木村　このときのルールに当てはまらなかったのは、朝鮮学校だけだったのですか？

橋下　朝鮮学校だけ。別に狙い撃ちしたわけではありません。

木村　なるほど。政策の是非については様々な意見があると思いますが、「狙い撃ちはダメだ」というのは非常に大事な憲法感覚ですよね。なぜそれが身に付いたのかうかがってみたいです。

橋下　僕もプロの法律家なのでね（笑）。やはり立法や法律という概念を勉強すると、立法や法律の一般性というものを学ぶじゃないですか。だから特定の者だけを狙い撃ちしたルールはダメだと。

木村　少し解説すると、憲法や法律には「法の一般性」というルールがあります。法律は一般的でなくてはいけません。一般的というのは、固有名詞を入れてはいけないということです。だから「朝鮮学校に補助金を出してはいけない」とするルールや法律は憲法の趣旨に反します。「財務諸表を公開しない学校」というように、固有名詞の出てこない形で法律を作らなければならない。これが「法の一般性」です。

橋下　そこは憲法を勉強していれば、十分に理解しているところだと思います。理解していないと、固有名詞の入ったルールを作ってしまう。権力を縮小・制限するかどうかは置いておいて、憲法と対話し、ルール化し、そのルールに基づいて権力を行使する。これこそが立憲的態度だと思うんです。

木村　なるほど。「縛る」「縮小する」と言うと後ろ向きな雰囲気がしますが、「憲法と対話する」という表現は前向きな印象を与えるかもしれませんね。

「法の支配」とは

木村　大阪市議会の様子を映像でみるとけっこう面白いんですよね。東京で伝わってくる橋下府政・市政とは違うなと思いました。

橋下　東京だと、頭のおかしな市長が騒いでいるという様子しか報道されませんでしたからね。

木村　ええ、そうでした（笑）。先ほど、「法の一般性」について触れましたが、それに関連して「法の支配」についても解説したほうがいいかもしれません。

「法の支配」は「人の支配」と対置されます。たとえば「独裁者の言うことを聞け」というのは人の支配ですね。「言うことを聞け」だってルールなんじゃないの？　と思う方もいるかもしれません。しかし、法の支配の「法」は、先ほども言ったように、一般的な、つまり固有名詞のないルールでなければなりません。たとえば「○○にいくら補助金を出す」というのは法ではありません。一般的なルールを最初に作って、そこに当てはめる形で統治を行わないと、不公平になってしまう。これが「法の支配」の考え方です。

三権分立も法の支配を実現するための権力のあり方を示したものです。国家の歴史を見ると、立法権ができる前に、行政権と司法権が出来上がります。私がよく挙げるのは大岡越前ですが、彼は悪い人を捕まえるなどの行政の仕事と、刑罰を言い渡す司法の仕事をしています。警察や消防、治水工事などの行政サービスが行き渡っていないと、人々の生活は困ります。また、争いごとが起きたときにそれを裁定する司法がないと、内乱になってしまう。だから、まずは、行政権と司法権が出来上がるわけです。

ただ近代では、行政や司法があるだけではなく、そうした権力が公平に行使されるようにコントロールしようということになった。それには、みんなで議会を開催して一般的・抽象的で明確なルールを作り、しかもそれを国民に公示する必要がある。行政や司法が、議会の作ったルールに従って権力を行使すれば、濫用されずに公平な支配がなされていくわけです。

橋下 法の支配は、憲法的な考え方の柱であると捉えています。ところが、政治家になって気が付いたのは、政治家が法律に基づいて権力行使をしても、権力の濫用だ！と批判されることが多いということ。反面、行政の現場が法律に基づかない権力行使を行っていても、それは批判されない。朝日新聞的思考のインテリの人たちは、とにかく政治家の権力行使が大嫌いで、官僚機構を過度に信用しているきらいがありますよね。選挙で選ばれた者より、やっぱり学歴の高い、試験で高得点をあげる者を信用するのかな（笑）。

「立憲」を権力を縛るという意味で理解してしまうと、政治家の権力行使をとかく

「非立憲」と批判するようになってしまう。しかし「立憲」を憲法と対話し、ルールに基づいて権力行使するという意味で理解すれば、政治家の権力行使であろうと、行政の現場の権力行使であろうと、ルールに基づいているかどうかが重要になり、ルールに基づいていれば「立憲」と評価し、ルールに基づいていなければ「非立憲」と批判しなければならない。「立憲」の意味を再度勉強し直さないと、今の政治行政の現場で起きている真の「非立憲」的権力行使を見逃し続けてしまう。

その典型例が政治家による人事権の行使についてです。僕は自分に与えられた人事権を積極的に行使して批判を浴びました。大阪府政の歴史において、知事が教育委員を積極的に選んだのは僕が初めてだったそうです。それまでは教育委員会事務局が委員を実質的に選び、知事はそれを追認するだけだったようです。僕は大阪府の教育行政を改革する必要性を感じ、それを担ってくれる教育委員を自分で選ぼうとしたのですが、教育委員会事務局から猛反発を受けました。そこで議論をして「じゃあ教育委員の人事権って誰が持っているの？　ルール上どうなっているの？」と聞いたら「知事です」と言う（笑）。

木村　そりゃそうですね。「地方教育行政の組織及び運営に関する法律」にもそう書いてありますからね。

橋下　だけど、現実では法律に拠らずに教育委員人事が行われていました。だから僕は法律に則って知事の持つ人事権を行使しました。これは府庁幹部人事でも同じです。霞が関の省庁でいうところの事務次官にあたる担当部局の部局長人事は、これまでの慣例で、府庁総務部が持ってくる人事案について知事はただ追認するだけだったようです。しかし僕は大阪府政改革の必要性から、何人かの幹部について知事の持つ人事権を行使しました。このときも府庁組織に衝撃が走ったようです。自分たちの思い通りに人事が進まなくなったと。もちろん、めちゃくちゃにやりすぎたら組織がフリーズしてしまうので、自分なりにバランスをとりながらやっていたつもりでしたが。

木村　形式的には府知事に人事権がありますが、実際の人事の過程では官僚が決めて、知事はそこに判子を押すだけというのが通例だったわけですね。

橋下　そうです。法律に基づかない慣例です。でも、それこそ僕は立憲じゃない、非立憲だと思います。ルールに基づいて、責任ある人がちゃんと人事権を行使して責任をとることが立憲だと思うのです。責任のない者が権力を行使することは最悪です。教育委員会事務局や府庁総務部は、大阪府の教育行政や大阪府政に最終責任を負っていない。選挙で替えられることもない。そうすると教育委員会事務局や総務部の人事権行使が仮に失敗だったとしても、彼らは誰も責任をとらないし、有権者の責任にもならないのです。選挙で選ばれ最終責任を負う者が権力を行使したからこそ、その結果については有権者が責任を負う。これが民主政治の根幹です。でもそれを言ったらメディアやインテリたちに「人事への政治介入」と批判された。でもそれは「立憲」についての理解不足ですね。

木村　つまり、政治家の人事権には、適切な行使と不適切な行使がある。たとえば最高裁判事に法律の知識のない人を選んだり、明らかに不正が疑われる人を部長にしたりなんてことを政治家主導でやったら、批判されるのは当然だと。

橋下　政治家の人事権行使について批判することはもちろんいいんです。でもその批判は「政治介入」ではないですよね？　政治家がルールに基づいて人事権を行使するのは「政治介入」ではないのですから。批判するなら、木村さんがいうような形で批判するか、またはルールの中身を具体的に批判するかです。

木村　人事権を行使したことそのものを非難するのではなく、「この人は適材ではない」と批判しなければいけない。

橋下　そうです。「政治介入だ！」という批判だけだと、何がどう悪いのかも国民にも伝わりません。人事権行使の中身を具体的に批判することで、国民が次の選挙で投票する際の材料にもなります。

また、安倍首相が内閣法制局の長官を替えたことに対して「憲法の番人を替えるとはなにごとだ⁉」「政治介入だ！」と、朝日新聞を中心にインテリたちは猛烈な批判をしましたよね。でも安倍さんがやったことは当然のことです。内閣法制局長官の人事権は内閣にあるのですから。これまでの慣例では内閣法制局自身が長官人事を事実上やり、内閣はそれを追認するだけだった。一部インテリたちはこの慣例を是とするようですが、これこそ「非立憲」ですよ。

今の官僚機構の人事の現場こそ、非立憲になっていると思います。立憲と言う以上は、ルールに基づいて権力行使し、行政運営をするというのが僕の政治哲学の柱なんです。

木村　内閣法制局は、内閣提出法案が憲法に適合しているか、ほかの法体系と整合性が取れているかなどを事前にチェックする役割などを果たしています。ですから、長官の人事は、政治的に決定するのではなく、内閣法制局内部のコンセンサスを重視するという伝統にも、それなりの合理性があるとは思います。もしも、内閣法制局が政権の意向のままに判断することになっては、成立した法がすぐに最高裁で違憲と判断される、なんてことが頻発して、混乱を招くでしょう。

ちなみに、橋下さんが思う自治体における人事の立憲的な理想はどのようなものなんでしょうか？　たとえば一人ひとりの適性を知事が把握するのは難しいですから、官僚が原案を作ることには合理性があると思うのですが……。どういった形が理想だとお考えですか？

橋下　先ほども少し言いましたように、僕は人事権を積極的に行使しましたが、現実的に組織運営に支障が出ないように自分なりにバランスを考えていました。そのバランスというのは官僚の知恵、組織の知恵を「借りる」ことです。いわゆる政治と行政の役割分担の話になると思います。一般法を定めるのが政治の役割で、その一般法を個別具体的に執行するのが行政の役割であるのと同じように、人事についても、大きな人事方針を政治家が立てて、その方針のなかで個別具体案を作っていくのが官僚の役割だと思っています。職員の能力や適正性については、やっぱり組織の人事担当が情報を持っていますから、それを活用しなければもったいないです。しかしそれはあくまでも僕が目指す大阪府政を実現してくれる人材でなければなりません。ゆえに僕は人事方針を立てて、人事担当にそれに沿う人事案を「複数案」作らせました。そして最後の決定は責任をもって人事権者の僕がやる。一案だけだと、それは人事担当が決定したともとれるので、責任の所在がはっきりしません。ゆえに原則複数案作らせ、僕が選択する。この選択の過程で、僕と人事担当はコミュニケーションをとりながら、案の修正を行ったりする。こうやって政治と行政とが役割分担の下でキャッチボールすることを意識していました。

最高裁人事を内閣が選ぶのは政治介入？

橋下　同様のことは最高裁裁判官人事にも言えます。今まで最高裁の裁判官を決める際、最高裁事務総局という最高裁の官僚機構が出してきた単一案をそのまま内閣が追認することが慣例になっていたようです。しかし最近、安倍政権は事務総局に単一案ではなく複数案出させることにし、裁判官人事に積極的に口を出しているようですし、また日弁連が推薦した弁護士とは違う弁護士を選び、「司法への政治介入だ！」「非立憲だ！」と批判を浴びています。

ですが、そもそも最高裁の裁判官の人事権は、内閣が有することが憲法6条や79条に書かれているので、安倍政権の行為にはなんの問題もないはずです。まさに憲法に則っているわけです。むしろ、安倍内閣以外のところで、最高裁の裁判官人事を完結させてしまったら、それこそ憲法違反、非立憲ですよ。安倍政権による人事がおかしいと批判するなら、「司法への政治介入だ！」「非立憲だ！」と叫ぶのではなく、その人材がなぜ最高裁の裁判官にふさわしくないのか、またはそもそも憲法6条や79条が間違っており憲法改正が必要なのではないかを具体的に論じる必要があります。

木村　最高裁の裁判官人事は、いったい何を基準に行うべきなのでしょうか。教育行政では「いじめに厳しく対応できる人」「教員の過重労働を改善できる人」などと目的を決めて、それに則った人材を決定することができると思うのですが、最高裁の裁判官は何を基準に選べばいいのでしょうか。

橋下　アメリカでは共和党支持者から、トランプ米大統領が保守派の最高裁裁判官を選んだことは大きな功績だとの声が上がっていますよね。アメリカでは、銃規制、中絶規制、移民規制などのいくつかの象徴的な具体的政策で宗教的価値観などのイデオロギーが激しく対立します。ですから、その政策の合憲性、違法性を判断する最高裁裁判官が保守派なのかリベラル派なのかが話題になります。しかし、日本ではそこまでの宗教的価値観や階級的価値観によっての激しい対立はありませんし、そもそも日本の最高裁は立法府・行政府の判断を尊重する傾向にあるので、今は最高裁裁判官が誰になるかはそれほど話題にはなりません。ただし、日本の最高裁も本来は立法府・行政府の判断に対してＮＯを突き付ける違憲審査権（憲法81条）を持っているのですから、それを積極的に行使する裁判官を選ぶことは、現在の政権与党が政権交代後に野党に転落したあとの政権与党、つまり敵方政権をチェックする強烈な武器になります。今、安倍一強で政治へのチェック機能が働いていないと騒いでいる人たちが多いですが、それは違憲審査権を積極的に行使する最高裁裁判官を選んでこなかったツケが回ってきているだけです。

すなわち、安倍一強をなげく人たちが好む、「政治の司法への不介入」の結果、最高裁事務総局が選んだ裁判官たちによって立法府・行政府へのチェックが弱い現在の司法府が作られているのです。自業自得です。政権与党をチェックする役割は野党だけではありません。司法府にもその役割を担わせているのが現憲法であって、それがきちんと機能していないのであれば、それは最高裁裁判官の人選ミスです。さらに、死刑存廃、犯罪者への厳罰の是非、再審開始のハードルを下げることの是非、取調べのあり方、新しい捜査手法のあり方、靖国参拝と政教分離、普天間基地の辺野古移設の是非、安保法制の違憲性、一票の格差の違憲性、選択的夫婦別姓や同性婚の是非、容疑者や被害者の人権をより守り裁判の効率性を高める司法改革などなど、純粋な法律論によるだけでなく、個々の裁判官の考えによって結論が異なる論点が日本にもたくさんあります。これらの論点については、保守派、リベラル派という単純なイデオロギー区分によって結論が分かれるわけではありませんが、個々の裁判官の考え方が結論に影響することは間違いありません。そして、インテリたちはこれらの論点に関する最高裁や下級裁判所の判断について、自分たちの考えとは異なることをもって批判します。もし、司法府全体の考え方を変えなければならないのであれば、それは人事によって変えるのが組織論の原則です。最高裁裁判官は、裁判業務だけを担っているわけではありません。下級裁判所を含めた司法府全体のマネジメントも担っています。最高裁は、下級裁判所の裁判には司法権の独立の原則により介入できませんが、下級裁判所裁判官の人事権を持っており、その人事権の行使を通じて司法府全体のマネジメントはできます。裁判官指名諮問委員会なる機関の意見に耳を傾ける必要はありますが、それでも司法府が目指す大きな方向性の下に、司法府を作り上げていくことが最高裁の役割でもあります。そしてその司法府が目指す大きな方向性は国民の意を受けた内閣が決めて、それを実現できる最高裁裁判官を選んでいくというのが現憲法が規定しているところです。

トランプ大統領の政策について、アメリカの司法府はいくつもNOを突き付け、大統領は政策を取り下げたり、修正したりしています。日本のインテリたちは、アメリカの司法府は政治に対するチェック機能の役割を果たしている！　と評価していますが、それは政治がきちんと最高裁裁判官を選んでいるからです。民主党政権時代に選ばれた裁判官が中心となって、共和党のトランプ大統領をチェックしています。

中立性という言葉はなんとなく聞こえはいいですが、それは個々の裁判において当事者間の公平を守るためには機能しますが、特に政治の場面での中立性とは、どちらの政治の色にも染まらず、どちらの政治にも牙を剝かないということを意味します。政治から距離を置く代わりに政治を是正するだけの力は持ちません。やはり、政治を是正するには力が必要です。アメリカの司法府は、大統領の行為を是正する力を持っていますが、それはそのようなことができる司法府を政治がしっかりと作っているからです。

そうすると、「時の政権の思い通りになる裁判官が選ばれてしまう」と心配されるかもしれませんが、いくら政治の側が自分寄りの裁判官を選んだとしても、憲法上、裁判官には高度な独立性が認められています。政治の側がいったん選ぶと、国会による弾劾裁判以外では政治の側から解任できません。裁判官は、選ばれた後には、良心に従い憲法と法律にのみ拘束される（憲法76条）という建て付けなので、法と良心に従ってちゃんとやってくれる裁判官であれば、そこまで心配する必要はないでしょう。

むしろ、最高裁事務総局に人事権をすべて丸投げし、最高裁事務総局の思い通りの司法府になっていることのほうが問題です。司法府はどうあるべきなのか。これを決めるのは国民です。ただし政治のように時の国民の意思が直接反映するのはよくないということで、国民による選挙によって最高裁裁判官を選ぶのではなく、内閣が選ぶことで、国民の意思を司法府に反映するようにしたのが現憲法の考えです。そうであれば、内閣が憲法に則ってしっかりと最高裁裁判官を選ぶことこそが立憲であって、政治の司法への不介入というスローガンの下に、最高裁事務総局に人事を丸投げすることのほうが非立憲です。

むしろ現在の仕組みで問題なのは、最高裁裁判官の人事に限らず、内閣の閣僚人事においても、その人材が適材か否かを事前にチェックする厳格なプロセスがないことです。議院内閣制の下では、与党が賛成してしまえば人事は完結してしまう。だから僕は国会における公聴会プロセスが必要だと思っています。

木村　今ある制度というのは、本当にいろいろなバランスのなかでできています。たとえば、裁判所が違憲判断について控えめでいられたのは、内閣法制局が相当程度まで事前にチェックしてくれていたから、そして、内閣法制局に対して中立性の点で信頼がそれなりに置かれていたからという面があります。もしも内閣法制局の人事決定方法が大きく変わるのであれば、裁判所の態度もこれまでとは大きく変わらねばいけなくなるでしょう。アメリカのような政権交代が頻繁に起こる国と違って、日本でもしも最高裁判所の人事権を内閣のフリーハンドに委ねたとしたら、それは単なる独裁国家になってしまうでしょう。

内閣の権限を強化するのであれば、国民の投票行動も変わるはずです。マスメディアによる権力監視機能も、これまでよりも格段に上げていかねばならない。これまでは内閣が自重してきたからこそ、国民は政治に無関心でいられたという面があったはずです。

そういう意味では、長年かけてできた慣習のなかには、憲法慣習として評価すべきものもあり、慣習を変えることが「非立憲」になることは十分に考えられます。制度を変えるときには、全体のバランスを細かく見ていかねば、思いもよらない影響が出てしまいますから、慎重にすべきだと思います。

ただ、これまでの日本の法システムとの整合性をとりながら、取り入れやすい制度ということでいうなら、公聴会というアイデアはいいですね。

橋下　そういうプロセスを踏んでいないから、閣僚を任命した後にその人材にまつわるいろんな問題が出てきてしまいます。だから公聴会プロセスを踏んで、野党が徹底的にその人材の適格性をチェックできる場を作る。もしその人材に少々の問題が起きても、プロセスを踏んでおけば、チェックできなかったお前ら野党にも責任があるじゃないかと言えるわけです。

木村　野党を巻き込みながら正統性を確保するイメージですね。一般論として、やはり最高裁人事には高度な知識と実務経験を要求したい。人材の善し悪しについては、公聴会の枠組みのなかで議論していくわけですね。いきなり友だちを連れてきたような人事は公聴会で追及される。

橋下　今、野党が追及するとけっこうなことが暴かれるじゃないですか。メディアも必死になって情報を入手してくるし。稲田元防衛大臣は過去の発言について辻元清美議員に追及されて、その適格性について多くの国民に疑問を持たれてしまいましたよね。事前の公聴会で、辻元さんが追及をやっていれば、安倍さんは稲田さんを防衛大臣に任命できなかったと思いますよ。

木村　よくわかりました。確かに、公聴会がしっかりと機能すれば、形骸化してしまっている最高裁判所判事の国民審査も機能するようになるかもしれませんね。

ちなみに、橋下さんが人事をするときに公聴会のようなシステムはありましたか？

橋下　それは、なかったです。僕は府庁組織に衝撃を与えて慣例を打ち壊すために府庁総務部から上がってくる人事案について「これはだめだ、あれはだめだ」ともやりました。人事の決定権は、あくまでも知事にあることを府庁組織全体に認識させるのは大変なエネルギーが必要でした。大阪府政が始まって以来、これまで何十年にわたって、「府庁組織の人事は府庁人事担当がやるものだ。知事には介入させない」ということでやってきたわけですから。しかし、衝撃を与え続け、コミュニケーションのキャッチボールをすることによって、徐々に僕の考えを忖度してくれるようになりました。そして僕の思い描く大阪府政を実現するための人事案が作られるようになってくる。その状況を大阪市役所はしっかりと情報収集していて、僕が市長に就任したときには、僕のやり方を十分に忖度してくれていました（笑）。

木村　知事、市長が目指す方向性を理解してくれるってことですよね？　役所のほうも知事、市長の言ったことに準じてくれると。

橋下　そう、そういう人事案になってきましたね。木村さんは、忖度行政を批判していたと思うんですけど……。

木村　いえ。忖度行政そのものについて、私は批判していません。行政は裁判所とは違いますから。森友問題は、忖度そのものが悪いのではなく、横領や背任といった違法行為の可能性があるので、ちゃんと調べる必要があるとは言っています。

橋下　忖度のない組織なんてありませんよ。どの組織だってトップの意向を考えながら行動します。そうでなければトップはありとあらゆることに個別指示を出さなければならず、巨大組織ではそれは不可能です。また選挙で選ばれた政治家の意向に沿って行政組織が動くことは、ある意味行政の民主的な正統性を保つのに必要不可欠なことです。トップや政治家は巨大タンカーの船長みたいなものです。どこに進むのかを示して、その方向に行政組織というタンカーが動く。役人から忖度されない政治家なんて、力のない政治家ですよ。もちろん、忖度して違法なことをやってはダメですよ。

木村　もちろんダメです。でも忖度自体は否定できないと思います。有権者から選挙で選ばれた人がビジョンを示し、官僚が法令の範囲内でそれを実現していく。有権者の選挙という民主的なコントロールによって行政の正統性を確保するのが本来の姿です。長の選択が誤っていたと有権者が評価するなら、選挙でトップが変わるだけです。

　橋下さんは、そうした民主的コントロールを機能させるためにも、公聴会を開き、人事に正統性を確保していくのが実は立憲的な態度ではないかとおっしゃりたいのですね。

橋下　そうです。

木村　ちなみに、安倍内閣が日弁連の推薦したリストのなかから選ばなかったのにはどういう意図があったと思いますか？

橋下　正直わかんないですね。公聴会のプロセスがないので、安倍内閣がどのような視点でその最高裁裁判官を選んだのかがさっぱりわかりません。本人のみぞ知る、というよくない状況です。

ただ、うがった見方をすれば安保法制に日弁連はあれだけ強烈な反対をしていたわけですから、最高裁裁判官の人事という日弁連にとっては最高の見せ場において、安倍政権は日弁連を無視したのかもしれません。政権にたてつくなら、それなりの不利益をこうむるぞ、という政治的なメッセージがあったのではないかと推測します。もちろん、安保法制を実行したい安倍政権が、安保法制に反対し続ける最高裁裁判官を避けることは当然です。さらに死刑執行に反対していない安倍政権が、死刑執行に反対し続ける最高裁裁判官を避けることも当然です。日弁連の安保法制反対や死刑廃止という政治的姿勢をみて、そこが推薦した人材を拒否するのは当然のことでしょう。

木村　日弁連が、政権とは違う解釈をしているグループだから牽制したということですか？

橋下　日弁連のやっている活動をみて、この人たちが推薦してきた人は、国家運営にとってふさわしくないと思うのは、政治的には成り立つ話だと思いますし、内閣総理大臣に与えられた権限でもある。何度も言いますが、公聴会を開くことは必要でしょうけど。

日弁連も都合がよすぎる。彼ら彼女らは政治的主張を強烈にやるわけです。安倍政権に反対の姿勢も明確に示す。いわば政治的な中立性は保たれておりません。そんな政治団体と化した日弁連推薦の弁護士を最高裁裁判官に選べるわけがありません。個別の弁護士の政治的見解は多種多様です。その弁護士の職業団体に過ぎない弁護士会は政治的に中立であるべきです。特定の政治主張をしたいのであれば、同じ考えを持つ弁護士で政治団体を作って行うべき。弁護士会が政治的に中立になれば、時の政権は法律の専門家として弁護士会推薦の弁護士を最高裁裁判官に選ぶかもしれません。しかし弁護士会が今のように政治的主張を続けるのであれば、同じ政治的主張を持つ政権の誕生を待つしかないでしょう。政治的に対決している相手方に、自らの利益を確保してくれと要求することは、政治の世界では当然のようにできることではないのです。

木村　弁護士会は、「安倍政権に反対している」のではなく、「法律家として立憲主義に反することに反対している」という立場だとは思いますが。

最高裁人事についてもっと掘り下げたいのですが、最高裁は一応枠があるとされていますよね。裁判官6、弁護士4、学者1、行政官4の枠です。この枠があること自体についてはどう思われますか？

橋下　おかしいですね。それは最高裁事務総局が長年の慣行によって作ってきた枠なので。

木村　最高裁には多様な背景のある人材がいたほうがいいとは思います。このようにバランスをとる人事についてはどうなんでしょうか。

橋下　バランスをとる人事は必要です。しかしそれは最高裁事務総局が枠を作って確保するものではないですよね。あくまでも内閣の人事権のなかでバランスをとるもので、そのバランスをチェックするのはやっぱり国会による公聴会になりますよね。

個々の裁判の中身ではなく、日本の司法府はどうあるべきなのか。これは国民の意を受けた政治が決めるものです。公聴会を通じて国会と内閣がキャッチボールをしながら、内閣の人事権行使によってあるべき日本の司法府を目指していく。もし枠が必要であれば、それは公聴会を通じて国会と内閣が作っていくものであって、現在のように最高裁事務総局が作るものではありません。司法府に対してしょっちゅう文句を言っているインテリたちがいますが、ではその司法府をどうやって変えるのか。それは政治しかないんです。ところが政治が最高裁裁判官の人事をやると、今度は政治の司法介入だ！　と批判する（笑）。

今、批判すべきは、内閣がきちんと人事権を行使していないこと、それと内閣が人事権を行使するにあたって国会のチェック機能が働いていないことです。アメリカでは、最高裁裁判官や政府高官の人事においては、議会上院の公聴会で厳しいチェックを受けますからね。

個々の裁判内容に政治が介入するのは絶対にダメです。しかし自分たちの目指す国の方向性に沿うような最高裁裁判官を政治が選ぶことはある意味当然で、それは自分たちが野党に転落した時に、敵方政権をチェックする備えにもなる。司法府の方向性がおかしいのであれば、政治が是正していくのも当然のことです。

それに最高裁裁判官については国民投票で罷免できるわけですから、内閣は今の最高裁事務総局の枠にとらわれずに、しっかりと人事権を行使すべきです。それこそが立憲です。

木村 アメリカの最高裁判事は、保守かリベラルかで判断内容の傾向が分かれます。ただ、日本の場合は、保守とリベラルとは違う枠や軸があると感じています。たとえば外交官出身の裁判官らは、安保法制については合憲と言います。となると、政権に親和的なのかと思うのですが、一票の格差については、外国でこんなに投票価値に差がついている国はなかなかないと考え、かなり厳しい判断をしている。それは外交官としての国際感覚が反映されているといえると思います。安保法制の面では都合のいい人材が、一票の格差の面では政権にとって困る人材である可能性もある。

橋下　ですから日本において、保守やリベラルという区分けは意味がありません。日本のインテリたちは、そればかり論じていますけどね（笑）。最高裁裁判官人事は全体的なことを考えて、最後は内閣総理大臣が決定するというのが憲法の建前です。だってどんな人材がいいかなんて話はキリがない。それじゃあ収拾がつかないから、内閣が決めるとしたのが憲法なので。何度も言いますけど、公聴会をしながら、野党やメディアや有識者が批判・チェックすることは必要だと思います。

木村　公聴会の開催は憲法で禁止されていませんよね。やろうと思えば……、法律でいいのかな。

橋下　法律でいいし、日本は議院内閣制の国ですから、やろうと思えば与野党の申し合わせでもすぐにできると思います。自民党の腹ひとつですよね。さらに内閣による人事について国会同意が必要ないわゆる国会同意人事の案件では、同意を与えるプロセスとしてすぐにでも公聴会を設けるべきです。今は公聴会もなく、国会は与党による多数決で同意を与えています。これでは人材の適格性が国民に伝わらない。僕は日本維新の会の代表のときに、日銀総裁人事について維新の国会議員団と意見が対立しました。適格性について国会が明らかにすべきだと主張して、維新の申し入れによって適格性を確認する委員会が開かれました。これをきちんと制度化すべきだと思います。

木村　法律さえできれば、十分に取り組めるということですね。総理大臣が人事に関わるものと言えば国務大臣がありますが、橋下案としては、大臣人事の公聴会は本会議ですか、それとも委員会？

橋下　アメリカの公聴会は上院の委員会ごとに分かれています。やっぱり委員会で、しかもこれこそ解散がなく、瞬間的な民意に左右されない参議院の役割ではないでしょうか。

木村　本会議よりも委員会のほうが細かい部分まで聞けますから、委員会のほうがふさわしいかもしれませんね。最高裁人事も、法務委員会で公聴会を開き、きちんと議論してから任命していたら、我々国民からしても国民審査をするときに○と×がつけやすくなるでしょうね。

教科書採択とルール

橋下　大阪市長時代、教科書の採択方法も変更しました。教科書は、子どもたちの教育において非常に重要です。法律上は、知事や市長が任命する教育委員で構成される教育委員会が決めるようになっています。

ところが、実際に教科書がどのように選ばれているのかを検証すると、各現場で研究会なるものが作られて、その研究会で議論をして選んでしまうわけです。研究会が選んだ教科書を「これに決まりました」と教育委員会にあげて、教育委員会はそれを追認していました。

木村　それは一案ですか。

橋下　各研究会で一案。当時の大阪市では、市内を4つのブロクエリアに分け、各教科に4つほどの研究会を設けていました。ですから大阪市内において英語の教科書なら4種類ほどが選ばれてしまうわけです。これは各教科書会社に配慮した結果でしょう。大阪市は学校数が多いので、一社だけを選ぶと、選ばれなかった社の損失が大きくなりますから、各社の教科書をまんべんなく選んでいく。体のいい官製談合ですよ。こうなると大阪市内の教育行政は非常に非効率となります。教科書に対する教材やテストは4種類分揃えなければなりませんし、教員の授業技術研修教材も4種類分用意しなければなりません。教員にとっても教科書の異なる学校に異動となると、授業のやり方を一から考え直すことになります。4種類の教科書を選んでいくやり方は、教育委員会で議論されたものではなく、教育委員会事務局や現場の教員が長年の慣行のなかで決めていったものでした。

そして、各教科書会社の営業マンは研究会のメンバーに営業攻勢をかけます。そこで金銭のやりとりとか、不透明なことがもう……。実際に研究会メンバーの教員が教科書に付随する参考書などを執筆し、教科書会社から謝礼をもらっていました。そしてその教科書会社の教科書が選ばれていく。

そこで教育委員会で議論してもらい、大阪市において教科書は、各教科一つの教科書会社の教科書を選ぶことにし、教科書の選択権は教育委員会にあることを確認した上で研究会の決定権を廃止しました。

さらに研究会メンバー以外の教員も教科書会社と接触していることが多く、あまりにも不透明すぎるので、教科書会社からお金をもらうなんらかの仕事をするのであれば届出をするルールを作りました。これでどの教員がどこの教科書会社とつながっているのか可視化できるようになり、教科書会社からお金をもらった教員は教科書選定のプロセスに一切入れなくしました。

しかしなんの資料もなく教育委員会だけで一から教科書を選ぶのは大変です。よって、これまでの研究会は、教育委員会が教科書を選ぶ際の材料となる資料を作る部隊に位置付け直しました。研究会はあくまでも教育委員会の判断をサポートする部隊です。各教科書のメリット・デメリットなどをまとめた資料を作るのです。

木村　現場から資料をあげてもらうのですね。

橋下　はい。ただ最終的に選ぶのは教育委員会であると。そうしたら、今度は研究会が各教科書に点数をつけてきたんですよ。それだと事実上研究会が決めているようなものじゃないですか。ですから、研究会が定量的な点数を付けて各教科書の優劣をつけるのを禁止し、あくまでも定性的な評価をした資料を作らせ、決めるのは教育委員会だよ、というところまで決めました。問題点を改善しようとすると行政実務とはこんな細かなところまで議論する必要がある。そうしたら「現場の声を無視するな」とインテリやメディアから批判されました。でも、そもそも現場が教科書選択の決定権を持っていること自体がルールに基づかない非立憲なのです。法律上は教育委員会が決めるルールになっているんだから。

ほかにも、教育現場には非立憲的なことが山ほどありました。たとえばこれまでは、生活指導の主任を誰がやるかなどの校内人事は各学校の教員による選挙などで決めていたんです。いわゆる職員会議が意思決定機関になっていた。各教員が意見を言うことは大事ですけど、教員の多数決で校内人事をやることはおかしい。校内の人事権はもちろん校長にあるわけです。校長は学校運営の責任者であり権限者です。ところが学校運営が職員会議で決まっていた学校が多くあった。教育委員会の規則を見ると職員会議に決定権があるような文言になっていたんです。僕は他府県の教育委員会規則を取り寄せて、大阪のそれのどこがおかしいかを研究しました。そして教育委員会に問題提起をしたんです。そしたら職員会議で決定することはダメだとなったんですが、今度は現場で、事実上の挙手や投票をやるわけです。そうなると多くの手が挙がったり、多くの票が投じられたりしたことを校長が覆せなくなる。僕みたいな校長なら、「いくら挙手や投票があっても、決めるのは俺だ！」と言うんでしょうが、そういう校長ばかりではない。だから僕は挙手や投票も禁じるべきだと問題提起しました。教員の意見はきっちりと聞くべきだが、決めるのは校長先生だ、と。先ほども言いましたが、行政実務とはここまで細かな議論をしなければなりませんし、教育委員会事務局からこのような情報提供はありません。知事、市長自ら情報収集し課題や問題点を見つけて、教育委員会に問題提起しなければならないのが現実です。現場で物事を決めることこそが民主主義だと信じているインテリが多いようですが、それがルールに基づかないのであれば、僕は非立憲的だと思いますね。

木村　いくつかうかがいたいのですが、教科書は自治体がまったくのゼロから決めるのではなく、文科省の検定に合格したもののなかから選ぶわけですよね。そうなると素人感覚では、どの教科書でも最低限の質の保証があるのだから、教育委員会にとって重要な関心事ではない、というのはわからなくもない感覚です。この権限を実質的に教育委員会に移していくことに、どのようなプラスの効果があったのでしょうか。

橋下　教科書って、やっぱり違うんですって。教員の使い勝手だとか、子どもの理解しやすさだとか。教科書検定を通っていることで最低限の基準は満たしているんでしょうけど、やはりそれぞれ違うらしい。だから研究会でも各教科書に優劣を付けてきたり、定性評価でも各教科書にメリット・デメリットが出てきたりしてくるわけです。

木村　それを現場の先生に決めてもらうよりも、教育委員会のほうが適切なものを選べる、という感覚があるのでしょうか。

橋下　まず実務的には、各教員で教科書を選ぶと、定期試験内容などがバラバラになることがデメリットです。特に中学生の場合には、高校進学にあたり内申書というのも重要で、内申点を公平、公正に付けようと思えば、教科書の統一は必要かと思います。そして先ほども言いましたが、教科書を補完する教材や、教員の授業技術研修教材も複数用意しなければならなくなります。やはり教科書の統一はある程度は必要になってきます。

また、適切な教科書が選ばれるかどうかという点と同時に、立憲というのは、決定権と責任の所在がルールによって明確化されるという点も重要だと思っています。

適切な教科書が選ばれているかどうか、本当のところはわからない。でもルールに基づいたプロセスを踏んで、責任ある者が決定し、責任を負う。このことによって本当のところはわからないけど適切な教科書が選ばれたと「みなす」のが立憲だと思います。選挙で選ばれた知事、市長によって任命された教育委員会だからこそ、その決定には民主的な正統性がある。それと同時に、議会から責任追及も受けます。ところが教員は、教員採用試験に合格しただけだし、個々の教員が議会で責任追及を受けることはない。このような今の教育委員会制度を前提に、教科書の選択権を教育委員会に持たせたのが今のルールであり、このルールに従うことこそが立憲だと思うのです。

ですから立憲というものは、絶対的に正しいものに常に行きつくことを保証するものではない。しかし立憲というものによって正しいものに行きついたと「みなしていく」しかないんじゃないかな。

木村　今の制度を離れて、理想論で話すならば、文科省の検定で最低限の質を確保できているならば、教科書は先生がそれぞれ決めるのが一番いいのではないかと思ったりします。個々の担当の先生が、自分の教え方にあった教科書を選べるのが理想なのかなと。

橋下　それでもいいと思います。今の教育委員会制度の仕組みからしっかり考えて、そういうルールなんであれば。

木村　そういうやり方をしないのは、今の法律では教育委員会が決めることになっているからということですよね。今の法制度の下では、教科書選びに問題があった場合に、教育委員会しか責任をとれない仕組みになっているからと。

橋下　そう。法律などによって教育委員会制度や教育行政の仕組みがそうなっているからです。本当のところは正しいかどうかはわからないけれども、今あるルールに従うことで正しいとみなしていくのが立憲なんじゃないか。

木村　現場の声を拾いたいのであれば、個々の教員が教科書を選べるような法律を作るように求めていけばいいってことですよね。

橋下　そうです。個々の教員が教科書を選ぶべきというなら、そのようなルールに改正すべきです。ないしは裁判に訴えて、ルールがおかしいことを確定するか。そのような裁判は今の制度上難しいけど……。いずれにせよ、そのルール改正のプロセスをすっ飛ばして、現場の声が重要だからとルールを無視して勝手に決定権の所在を変えてはいけません。

木村　今あるルールを無視するのは、仮にいくら理想論としては正しかったとしても、正しくない。その感覚は、よくわかります。教員たちは、「教員の声を十分に聞いたうえで、教育委員会が決定する」のが慣習を含めた「今あるルール」だと考えているのだとは思いますが。

文楽発言の真意

橋下　もうひとつだけ言わせてください（笑）。僕は知事、市長時代に「文化の破壊者」だと言われ続けてきましたが、僕の文化行政だってルールを重視した極めて立憲的なやり方だったんですよ。

大阪では僕が知事、市長になるまで、特定の団体が毎年、多額の芸術文化活動の補助金を前例踏襲で受け取っていました。たとえば吉本興業所有の建物のなかに入っていたワッハ上方（大阪府立上方演芸資料館）と大阪センチュリー交響楽団だけでも、年間約8億円の補助金を受け取っていた。ほかの文化事業に対する補助金は数百万円、数十万円程度で、小劇団の主宰者などは補助金をもらうことすらできていなかったんです。

センチュリー交響楽団になぜ毎年あれだけの高額な補助金を出しているのかを担当部局に聞いても「オーケストラは大切だから」「オーケストラこそ芸術文化の象徴だから」「オーケストラによって大阪の都市格が上がるから」という返事しか返ってきませんでした。「ワッハ上方やセンチュリー交響楽団に対する補助金が削減されれば、大阪の文化は死滅する！」とまで担当部局や議会から言われましたよ（笑）。「じゃあ小さな劇団の活動は大切じゃないの」と尋ねたら返答がない。「大阪にはお笑いの文化が厳然と存在していて、そちらには補助金は一切入っていないけど」と尋ねても返答がない。これは役人に任せていたらダメだと思って、文化行政に詳しい有識者の意見を聞きながら、新しい文化行政のあり方を模索していきました。そのときのキーワードは、「ルールに基づく公平・公正な文化補助金の配分」です。まさに立憲ですね（笑）。

そこで行政から一定距離を置いた第三者組織である「アーツカウンシル」という組織を作ったんです。この組織が補助金の配分を決めていく。これまでの前例踏襲の補助金配分を改め、これまでは門前払いしていた補助金申請についてもしっかりとテーブルにあげて公平に審査するようにしたんです。

木村　それまでは第三者組織のようなものはなかったんですね。文化事業の補助金は第三者的機関を作って、専門知に委ねて公平にやるべきだということは、憲法学でも最近流行っている議論です。ただ、第三者機関を作ったところで、彼らが正当な判断をしなければ意味がない。第三者機関は、どういう基準で審査することになるのでしょう?

橋下　ここの基準に政治が介入すると、芸術文化への政治介入になってしまいます。立憲というのは、絶対的な正義を前提とするのではなく、何が正義かわからないなかで、少しでも正義に近づけるプロセス・仕組みを工夫することだと思います。ですから、アーツカウンシルの仕組みに徹底的にこだわりました。

まず大阪府、大阪市で文化振興審議会というものを立ち上げます。しかしこの審議会をアーツカウンシルにしてしまうと、審議会メンバーは知事、市長が任命することになっているので、政治に近すぎます。そこで文化振興審議会がさらに審議をしながらアーツカウンシルのメンバーを決めていきます。基準にあたるものも、文化振興審議会が大きな戦略を立てて、その方向性でアーツカウンシルが具体的な基準などを設けていきます。このようにして、政治から程よい距離のある基準が作り出される仕組みを整えました。

木村　それは、正しいことだと思います。「どのような基準で判断すべきか」自体が、専門的に判断すべきことですから。

橋下 大変でしたよ。長年にわたって当然の慣行となっていた文化行政を改めるには、役人に対してだけでなく、文化補助金を当然のように受けていた団体にも意識改革を求める必要があります。もちろん府民に対しても。こういうときに、ちまちまと数人のインテリたちと話をしているだけでは物事は動きません。賛否はありますが、僕は政治家としてドカーンと衝撃を与える方法をよくとっていました。そのひとつとして、文楽協会が毎年多額の補助金を受け取っているのはおかしいと指摘したら、「伝統芸能に理解がない!」と叩かれましたね。歌舞伎や能には一切補助金が出ていなかったのに、そのことには誰も文句を言わないんですよね。

木村 東京での報道を見ていると、橋下さんが文楽の悪口を言ったというイメージです(笑)。悪口を言わないで、今おっしゃったことを話せば、みなさん納得されたと思うんですけれども。

橋下 まあ、やっぱり政治は世の中を動かしていかないといけませんから、役人、文楽界、府民の凝り固まった意識を改革するためには、僕はあのような方法しか思い付きませんでした。もしほかに方法があるなら教えてほしいです。

木村 政治への関心や注目を集めるために、やや暴言気味のことも言う、と。

橋下　そうです。衝撃を与えて、メディアにも報じてもらい、みんなに考えてもらうんです。テレビメディアのコメンテーターたちは「橋下はもっと大人の政治をやれ！」なんて偉そうに言いますが、じゃあ大人の政治をやったらどうなるか？　大人の地方政治なんてメディアは取り上げませんよ。テレビメディアは所詮、視聴率。新聞メディアも面白おかしいことを取り上げます。

僕は普通の人よりは文楽に詳しい自信があるんですよね。近松門左衛門の『曽根崎心中』の脚本について「もっと多くの人に楽しんでもらえるように変えなくちゃいけない」って言ったら、文楽ファンやインテリたちから「歴史のある文楽の脚本を変えるとはなんだ！」と言われました。でも、今やっている『曽根崎心中』の脚本って、いつ書かれたものかご存じですか？

木村　江戸時代かと思っていたのですが、違うんですか？

橋下　昭和30年なんですよ。近松門左衛門のオリジナルの脚本だと、最初にお初が観音参りするところから始まるんですけど、単調すぎるんですね。だからそこをバッサリ切った。さらにラストの心中のシーンも、オリジナルでは徳兵衛の葛藤が繊細でありながらも、もっと豊かに表現される。そしてたっぷりと時間をかけふたりの命の終幕を迎える。残忍なシーンにも見えますが、激しい愛と愛がぶつかり合う人間の情念のエネルギーに満ち溢れるシーンなんです。しかし、自殺シーンを美化するのはよくないということで、ここもバッサリと簡略化。なんとも味気ないあっさりとしたラストシーンに書き換えられたんです。映像技術や音響技術をふんだんに駆使し現代風の演出を施したオリジナルの曽根崎心中を観ましたが、圧巻でしたね。これなら多くの人が楽しむことができるだろうと。僕に文句を言う人の多くは、こういうことも知らないんですよ。

話を戻しますと、だからアーツカウンシルという第三者組織で審査して、公平に補助金を配分するようにしたんですね。財源についても税金をただただ突っ込むんじゃなくて、寄付者の意思で文化が支えられる寄付税制の仕組みを模索したのですが、これは法律事項ですから、地方自治体で簡単に制度化できません。そこで、ふるさと納税を使うことにしました。しかし、ふるさと納税って、寄付者が地方自治体に寄付するものなので、直接、寄付したい文化活動団体を指定できないのが原則なんです。ここは役人に知恵を出してもらって、寄付者が事実上、自分の指定する文化活動団体に寄付することができるような仕組みを作ってもらいました。あとはそれぞれの文化活動団体が、多くの寄付金を受けることができるように、がんばって活動するだけです。もともと芸術文化というのは大金持ちのパトロンによって育てられたもの。お上が保護しようとした芸術文化というのはだいたい衰退していっている歴史があります。

木村　人々が何を支持しているのかを見えるようにするために、ふるさと納税するときに、何に使ってほしいかを納税者が選べるようにしたということですか。

橋下　そうです。今の制度では、地方自治体が行う事業を指定することは可能らしいのですが、地方自治体以外の特定の団体を寄付先に指定することはできないらしいのです。そこは役人の悪知恵でなんとかしてもらいました（笑）。

でもさんざん僕に文句を言っていた、文楽を守る103人の会とかのインテリ集団や学者の連中は、文楽協会に対してふるさと納税しないんですよね。ふるさと納税での寄付は、その分税金が免除されるので損もしないのに、みんな文楽協会に寄付しない。普段、「文楽を守れ！」なんて言わない一般の人たちは、たくさん寄付してくれたようですけどね。

つまり言いたかったのは、僕に対して「文化の破壊者だ！」と文句を言ってきたインテリ連中に反論したかったのと（笑）、知事、市長時代に行った文化行政補助金改革も、憲法から学んだ法の支配、ルールに基づく行政、すなわち立憲ということを十分に意識していたということなんです。

木村　興味深いお話でした。憲法には、具体的な場面で何をやるべきかを示す「ルール」というよりは、基本的な方向性を示す「プリンシプル」の性格の強い規定も多くあります。憲法に明確に書いていない事柄については、どのような仕組みで進めるのがより憲法の趣旨を実現するのにふさわしいかと、その都度、考えていかざるを得ない。その姿勢こそが立憲的だといえますよね。たとえば、最高裁判事の任命について、公聴会を開きなさいとは憲法には書かれていません。でも「書いていないならやらなくていいんだ」と考えるのではなく、「もしも、憲法に書かれていたとしたらどんなことが書かれていただろう」と考えて進めていくのが立憲だと考える。

今は立憲主義が上滑りして抽象的なものになっていますが、「公聴会を開こう」とか、「教科書選定の仕組みを変えよう」「文化事業を考えよう」と立憲主義に則って考えるのは、楽しい作業だろうなと思いますね。

橋下　それが抽象論ではない立憲論だと思っています。憲法を拠り所にするという意味での立憲を特に国会議員には知ってほしいですね。「立憲だ！」「非立憲だ！」と国会ではいつも上滑りな話になっていますから。

ダメなやつを辞めさせるのが民主主義

木村　それに関連してうかがいたいのですが、橋下さんはよく民主主義についてもお話していますよね。橋下さんは民主主義についてどのように理解されていますか。

橋下　民主主義観も僕の政治哲学のなかにある大きな柱です。正しいものはわからないから、最後はみんなに決めてもらわざるをえない。プロセスを踏むことによって正しいものに近づいていく。仮に結果として正しくなかったとしても、みんなは納得せざるをえない。これが僕の民主主義観です。

そして、僕が政治家を経験したうえで感じたのは、民主主義のもっとも重要な機能は、権力者の首を刎ねること。民主主義とは国民の意思を政治に反映させるものとかいろいろ言われているけど、多くの国民は自分たちの意思が政治に十分反映されているとは感じていないはず。国の財政も火の車なので、政治家は魔術師じゃないんだから、国民の全員を満足させるなんて、そんなの現実には無理なんですよ。だからこそ、この権力者はどうしても我慢ならないと国民が感じたときに、その権力者の首をスパッと刎ねる。しかも多くの国民の血を流さず、投票ひとつでできる。非民主主義の国であれば内戦だし、戦国時代なら合戦ですよ。これが民主主義の機能としてもっとも重要だと思いますね。選挙でいい政治・いい人材を選ぶのは難しいです。政党はたかだか4つか5つ、政治家たちも見ての通りああいう人材しかそろっていないわけです。

まあ民主主義である以上、国民の平均値が国民の代表者になるのでしょうが。だから選挙は、直ちにバラ色の日本を摑むためにあるのではなく、国民の命すら奪うことができる国家権力者の首を、投票一発で刎ねるためにあると考えるべきです。

木村　つまり、いい人を選ぶのではなく、ダメなやつを辞めさせられるのが民主主義だと。

橋下　選挙では政策をしっかり吟味すべき！　と、インテリたちは言うけれど、普通の有権者は日常生活で忙しくてそんなのできません。政策を吟味できるのは、それで飯を食っている暇なインテリくらい。

さらに、各政党が１００個の政策を出したとして、全部○なんてありえません。自民党のは30個賛成で10個反対、維新のは20個賛成20個反対、民進のは10個賛成で20個反対とか。しかも政策のなかには自分が重視しているものとそうでないものがあるというように、政策を吟味していけばいくほど、どの政党を選んでいいのかがわからなくなります。だから民主主義はいいものを選んでいくプロセスなのではなく、ダメなものを切り捨てるプロセスだと僕は思っています。

（２０１８年3月9日）

第3章
地方と憲法

この章で話題になる憲法や法律

〈日本国憲法　第8章　地方自治〉

第92条　地方公共団体の組織及び運営に関する事項は、地方自治の本旨に基いて、法律でこれを定める。

第93条　地方公共団体には、法律の定めるところにより、その議事機関として議会を設置する。

2　地方公共団体の長、その議会の議員及び法律の定めるその他の吏員は、その地方公共団体の住民が、直接これを選挙する。

第94条　地方公共団体は、その財産を管理し、事務を処理し、及び行政を執行する権能を有し、法律の範囲内で条例を制定することができる。

第95条　一の地方公共団体のみに適用される特別法は、法律の定めるところにより、その地方公共団体の住民の投票においてその過半数の同意を得なければ、国会は、これを制定することができない。

〈日米地位協定　第2条〉

1（**a**）合衆国は、相互協力及び安全保障条約第6条の規定に基づき、日本国内の施設及び区域の使用を許される。個個の施設及び区域に関する協定は、第25条に定める合同委員会を通じて両政府が締結しなければならない。「施設及び区域」には、当該施設及び区域の運営に必要な現存の設備、備品及び定着物を含む。

大阪都構想での住民投票

木村　ちなみに、橋下さんは大阪都構想で住民投票をしましたよね。市を解体するときに市や府の住民投票がないと気持ち悪いという感覚はありますが、憲法には住民投票をやらなきゃいけないとは書いていないし、法律でも要求されていませんよね。

橋下　書いてないですね。あー、それと大阪都構想は市の「解体」ではなくて、府庁と市役所という組織の「統合」「再編」だからね。市の解体というとヒステリックに反対する人が多いから（笑）。

木村　住民投票が必要というのは、政治的な感覚だったのでしょうか。それとも法律家としての感覚ですか。

橋下　政治的な感覚ですね。市役所が再編されると、市民の生活に重大な影響があるだろうから、市民による住民投票をしようと考えました。

木村　大阪都構想の議論を見ていて、かつて政令指定都市をめぐってなされた議論を思い出しました。

もともとは、横浜や名古屋などの大都市を具体的に指定して「特別市」とする特別市設置法を作ることが検討されました。しかし、この法律は、特定の自治体のみに適用される法律なので、憲法95条が求める住民投票を実施しなければなりません。そこでいう「住民」とはどの範囲なのかをめぐって、収拾がつかなくなりました。

橋下　特別市を設置すると、周辺の市町村にマイナスの影響が出ますよね。それまで特別市の地域で上がっていた税収を、都道府県は周辺の市町村に活用していたわけです。しかし特別市が設置されると、その税収はすべて特別市が独占することになってしまいます。都道府県の財源が減り、周辺市町村に活用できなくなります。

木村　そうなんです。特別市にすると税収が特別市のものになるので、特別市にとっては権限拡大である一方、都道府県にとっては大きな打撃となります。特別市を目指す側が「『住民』とは市を単位に考えるべきだ」と主張するのに対して、都道府県の側は「『住民』とは県単位に考えるべきだ」と主張して、収拾がつかなくなりました。それで、憲法95条の住民投票を回避するために、「法律は一定の基準を定めるのみで、政令で指定する」という制度にしたという経緯があります。

橋下さんが、そのあたりをどう考えていらっしゃったのかが気になりました。

橋下　これについては、言いたいことが山ほどあります。大阪都構想は、「大都市地域における特別区の設置に関する法律」という一般法に基づくものなので、大阪市だけをターゲットにしたものではありません。ゆえに憲法95条の住民投票は不要なんです。でも大阪市民の住民投票をこの法律で定めました。

今は、自治体の権限や財源が、都道府県から市町村に移る形であれば、住民投票は不要という扱いです。

たとえば僕が大阪府知事だったときには、事務処理特例を使って、大阪府の権限をどんどん市町村に移譲していきました。権限を移譲し市町村に事務処理をさせると、その分のお金も市町村に渡さなければなりません。年間40億円ほどの予算を組みました。さらに権限移譲が進めばその分追加の予算が必要になります。そのときには、大阪府民による住民投票なんかやらないわけです。

ところが、大阪市の都市計画権限などを大阪府に移す大阪都構想では大阪市民の住民投票が必要になった。正直、その整合性は今もわかりません。住民への影響という点で考えるなら、大阪府から市町村への権限移譲も、大阪府民に住民投票でその是非を聞かないといけなくなります。もし役所間の権限や財源移譲の話は、国の省庁再編と同じく、単なる組織再編の話なので、一々住民投票で決める必要はないということであれば、大阪府庁と大阪市役所という役所組織の統合再編に過ぎない大阪都構想でも住民投票は不要になります。ここはもっと議論して詰めたかったんだけど、あのときはあのときの政治の勢いで進めなければならなかったので、総務省から提案された大阪市民による住民投票が必要という案で最後は飲んじゃったんです。

木村　大阪都構想は、憲法論理的に非常に興味深い案件なんです。お話を聞けてよかったです。政治の空気を読んだわけですね。それは憲法には書いていないけれども、何が一番立憲的なのかを考えるのも、立憲的な態度なのでしょうね。

橋下　結局わからないこともありますよ。大阪都構想の住民投票を憲法的にどう考えたらいいのか……。

木村　憲法92条には「地方自治」と書いてありますので、「大事なことは住民投票で決める」という感覚がみなさんのなかにあったのかもしれません。

橋下　やはり「何が絶対的に正しいかはよくわからないけれども、みんなで決めたものので進めよう」という僕の立憲的感覚、民主主義観が根底にありますね。住民投票にかける大阪都構想の案も、「大都市地域における特別区の設置に関する法律」に基づいた法定協議会のプロセスに従って、自分としては最大限努力した案を作りました。しかし、それが絶対的に正しいかどうかはわかりません。だから最後は大阪市民のみなさんに決めてもらうしかない。

大阪府議会、市議会の維新以外の議員は「都構想反対！」の一点張りでした。僕は、案そのものに関する賛否と、住民投票の実施についての賛否は分けて考えています。大阪都構想の案には反対でも、法律に則って案を作ったんだから、住民投票にかけることに不備がなければ、住民投票の実施については賛成してくれよ、と。案に反対の意思表示は、住民投票運動のなかで示すべきではないか。自分の考えはどうであれ、最後は住民投票で決するという姿勢が民主国家の政治家には必要だと思います。

木村　橋下さんとしては、大阪都を実現することが正しいと思っているんですよね。

橋下　僕個人としてはね。だけど確定的なものだとは思っていません。

木村 橋下さんのそうした態度について、私はとても立派な政治家だと感じています。民主主義の下での政治プレイヤーは、自分が支持したり提案したりしていることについて正しいと個人的には思っている、しかし同時に、その判断が確定的ではないことを自覚していなければならない。ある意味で謙虚な姿勢が必要だってことですよね。

一般的には、たとえ提案の中身に反対であっても、国民投票や住民投票にかけること自体を否定するのはおかしいと思います。ただ、時には、国民投票や住民投票にかけるのにそもそも適していない案があるのも事実だと思います。たとえば、内容が矛盾している案では、国民投票や住民投票で賛成を得られたとしても、何が決定されたのかわからなくなり、執行部に対する全権委任のようなことになってしまいますから。

そういう懸念がないのであれば、自分としては反対な提案だったとしても、国民に問う価値のある提案が出たときには、国民投票そのものには賛成をするのが筋だということですね。

辺野古移設問題と憲法

木村 一方で、沖縄の辺野古での様子をみていると、基地設置に関する手続きがあまりにもラフで驚きます。

橋下　僕は辺野古に移設するしかないと思っているのですが、手続きがあまりにもなさすぎですよ。実体論としては賛成、でも手続き論としては反対です。

木村　米軍基地を設置すると、基本的にはそこに自治権が及ばなくなります。たとえば２０１５年、相模原の米軍基地で発生した倉庫火災の時、消防や警察は米軍の同意なしに基地内に立ち入ることができないため、調査に支障をきたしましたよね。また２０１７年には、普天間基地近くの小学校の校庭に落下物があり、飛行機が飛ぶたびに体育の授業が中断されています。ちゃんと自治権があれば、特定の時間帯の飛行を禁止する条例を作り、対応ができるかもしれません。

それだけ強力に自治権が制限されるにもかかわらず、法律の手続きや根拠なしに、どこに基地を作るのか政府が決めているのは極めて違和感があります。

橋下　知事や市長のとき、何かの施設やインフラを整備する都市計画を決定する場合にも、計画案を住民に縦覧したり、住民の意見を受け付けたり、数々の手順を踏んできました。都市計画でさえあれほど数多くの手続きを踏んでいるにもかかわらず、米軍基地設置の手続きがまったくないのはおかしい。手続法を定めるべきです。

木村　まず、これまで政府がどのような手続きで米軍基地の設置場所を決めているのか整理しますね。

大前提として、日本国憲法の文言は「法律で決めなくてはならないこと」と「内閣の一存で決定していいこと」を細かくは定めていません。ただ、憲法の解釈として、国政に関する重要事項については、法律で定めなければならないとされています。法律のレベルを見てみても、米軍基地について、どのような基準で誰が設置場所を決定するのかを定めた明文規定はありません。ただ、設置場所が決定されたことを前提に、その土地を収用するための要件と手続きを定めた「駐留軍用地特措法」はあります。

他方、日米地位協定の2条は「合衆国は、相互協力及び安全保障条約第六条の規定に基づき、日本国内の施設及び区域の使用を許される」「個個の施設及び区域に関する協定は、第25条に定める合同委員会を通じて両政府が締結しなければならない」と書いていて、場所の決定や設置条件は日米両政府の協定が定めるとしています。

こうした法令の状況からすると、誰がどのように基地設置場所を決めるのかは不明なはずですが、政府は、「日米地位協定によって、政府に基地設置場所の決定権限が付与されている」と認識しているということになります。内閣の一存で決定できると考えているのです。でも日米地位協定は外国との条約のひとつにすぎませんから、国内法として内閣の権限を根拠付けることはできないはずです。

本来であれば、特定の自治体に不公平な負担が生まれないように、「辺野古基地設置法」のような個別の法律を制定すべきでしょう。そうなると、憲法95条に基づいて、特定自治体を制限する法律には住民投票が必要だ、というのが私の検討結果です。

橋下　個別の法律を制定すべきかどうかは置いておいても、少なくとも行政がどのように米軍基地の設置場所を決定するのかを定めた手続法は必要ですよね。この手続法を国会で審議する際に、初めて本州の国会議員や住民たちが、辺野古移設問題を真剣に考えるのだと思います。設置場所の住民の意見をあまりにも軽く扱う手続法にしてしまうと、今度はその手続法に従って自分たちのところに米軍基地が設置される恐れが出てくるからです。手続法を定めることに関与する全国の国会議員は、どこまで住民の意見を尊重すべきか悩みに悩むでしょう。この悩みこそが、沖縄の基地負担問題を解決する糸口になると思います。

木村「この手続きを地元に適用されてはかなわん」となりますよね。

橋下　この手続法を使って、どこにでも基地を作ることができてしまう。だから自分たちのところに政府の意向で簡単に基地が作られたらまずいと思い、設置場所の住民の意思を重視する手続法にするかもしれません。そうするとその手続法では、今度は沖縄住民が基地設置に反対できることになります。

木村　現状では、住民の意見を反映するプロセスがないから、反対派の住民は座り込みなどの抵抗運動をとらざるを得なくなってしまう。

橋下　手続法ができれば混乱は少なくなると思います。座り込みなどの実力行使をする必要性は少なくなります。また基地設置自治体の首長選挙で基地設置の是非を争う必要性も少なくなります。住民は選挙によって意思表示するのではなく、手続法のなかでしっかりと意思表示をすればいい。そして手続法に従って住民の意見を聞いた以上、基地設置の自治体の首長選挙の結果いかんによって手続法のプロセスがすべてひっくり返ることもありません。沖縄の人には申し訳ないけれど、やはり日本の安全保障の問題が、基地設置自治体の知事選とか市長選で左右されるのは間違っていると思います。国の安全保障の問題は、原則、国政選挙で決着すべきだと思います。

木村　安全保障の問題は確かに国レベルの問題ですが、同時に自治権に関わる問題でもある以上は、地元の首長が意見を述べることは当然ですし、首長選の争点になることは悪くはないと思います。

橋下　もちろん選挙の争点に何を掲げるかは、地元首長の政治判断です。基地設置の是非を争点にする場合もあるでしょう。しかし仮に基地設置反対の首長が誕生したとしても、その首長は手続法に従って反対の意思を表示するまでです。その後手続きが完了した場合には、基地反対派の首長も手続きの結果に従わざるをえません。結局、この手続法を定めるにあたって、どれだけ地元の意見を尊重するのか、どの程度の地元の反対の声によって基地設置を中止するのかを定めることが非常に重要になってくるのです。

弁護士出身の自民党のある国会議員に、なぜ米軍基地設置の手続法を国会で議論しないのかと聞いたら、彼に「適正手続きという理屈を理解している国会議員が少ないからだ」と言われました。この適正手続きの理屈こそ、まさに立憲です。

何が正解かわからないから、手続きを踏み、それが正解だと擬制するのが立憲であり民主主義。だからこそ、とりあえずしっかりとした手続きを踏み、手続きが完了したものは正解だと擬制するしかない。手続きを重視していくしかないんです。

解決のカギは手続法

橋下　お聞きしたいのですが、木村さんが想定しているのは「米軍設置手続法」のようにどこの自治体にも適用される一般的な手続法ではなく、「辺野古基地設置法」のように特定の自治体に適用される個別の法律なのでしょうか。特定の自治体を対象とした法律は、国民一般に適用される法律、すなわち一般法じゃないので違和感があります。

木村　第2章でお話ししたように、法は一般的である必要があります。ただ、95条は特定自治体に適用される特別法を作り得ることを前提にしています。

さらに、憲法92条には「地方公共団体の組織及び運営に関する事項は、地方自治の本旨に基いて、法律でこれを定める」とあります。米軍基地が設置されると、地方自治体の自治権が制限されますから、「地方公共団体の運営」に関する事項として、法律を定める必要があるはずです。もっとも、「内閣が適切だと考えた場所に設置する」というのでは、白紙委任となり立法を国会に委ねた憲法41条の趣旨に反します。米軍基地のような特殊な施設について、内閣を十分に拘束できるような具体的な設置基準を法律で定めようとするなら、「辺野古基地設置法」のような個別の法律にならざるを得ない。

実際、1968年の小笠原返還のときには、小笠原を中央政府直轄地にしようという議論がありました。ただ、特定の自治体の土地を中央政府直轄地にする法律の制定には、憲法95条の住民投票が必要になります。それでは困るということで、中央政府直轄地にするのを断念した、という経緯があります。

橋下　なるほど、そういう解釈なのですね。ただ法律家の視点でいうと、憲法92条の「地方自治体の運営に関する事項」とは、地方自治体の組織自体を運営する組織運営ルールのことであって、地方自治体に外部から影響を及ぼすルールのことではないと解釈しています。ゆえに基地設置は直ちに憲法92条を根拠に法律で定めることが要請されるものではないと考えます。そうでなければ、国の行為はすべてなんらかの形でどこかの地方自治体の運営に影響を及ぼすものであるから、憲法92条によって、すべての国の行為について、特定自治体を対象にした個別法を制定しなければならないという話が持ち上がってしまい、非常に不合理です。

また政治家の視点でいうと、国のあらゆる行為について、ほぼ憲法95条に基づく住民投票が必要になり、とてもではありませんが、国家運営などできなくなります。

やはり憲法92条の要請に基づく個別法の制定が必要だという解釈よりも、立憲的な考えにより、基地設置の一般的な手続法が必要だと解釈すべきです。これは沖縄の基地負担問題を解決する大きな柱になると確信します。この手続法の制定の話を、それこそ今回の沖縄県知事選でもっと議論したらよかったのに。基地設置の是非よりも、基地設置の手続法の必要性こそが沖縄県知事選の重要なテーマだと思います。

木村　何が立憲的であるかは、やはりぎりぎりまで憲法の条文と向き合うべきです。そうでなければ、「俺の考える立憲主義」が乱立して、議論のベースがなくなってしまいますから。憲法が何も言っていない点については、「より立憲的な制度は何か」と模索していくべきでしょう。その場合は、「どの選択肢をとっても合憲と評価できるなかで、もっともよいものを選ぶ」という作業になります。これに対して、憲法が何かを言っている可能性がある場合には、「憲法は、こうしなさいと命令している」可能性を検討しなければならない。この場合、憲法の命令していることを採用しなければ違憲です。

「ある自治体が、ある場所について自治権を行使できない」という内容の法律は、「組織運営のルール」であって、単に「外部から影響を及ぼす」法律ではありません。国がとある場所に「国立博物館を建てます」とか「○○省の出先機関を作ります」というのだったら、普通の個人や企業が家やビル・工場を建てるのと違いはない。でも、米軍基地の設置は自治権制限を意味しますから、小笠原直轄地の議論と同じになるはずです。これは、「地方公共団体の組織及び運営に関する事項」であり、憲法92条により法律事項であるとの解釈をとらざるを得ないでしょう。また、特定の自治体に関する法律でなく、自治体一般に適用する法律であれば、当然、通常の法律で十分で、95条による住民投票も問題になりえません。

日米地位協定や集団的自衛権といった日本の安全保障の枠組みは、沖縄が米軍基地の大部分を引き受けてくれる前提で作られています。本土の人たちは「安全保障」の部分を享受しながら、「基地負担」の部分を被らなくていい。本土の人がほとんどなんの負担も負わずに済む前提で作られたシステムです。本土の人は、うすうす後ろめたさを感じながらも、目をつぶっているのが一番、という状況になってしまっています。

その不当性から本土の人の目を覚まさせるためには、手続きをちゃんとやっていく必要がある。

橋下　これは日本の大きな国家課題のひとつですよ。自民党が言えなくても、野党や沖縄などが言えばいいんです。これは日本の安全保障の決め方を安定させて、かつ沖縄の基地問題に関する政治的混乱状態を解決する柱になると思います。

一般的な手続法に「沖縄」という固有名詞を付けることができないので、「米軍基地設置手続法」というものになるでしょう。この手続法が国会で審議されるようになって初めて、本土の国会議員や本土の各自治体が沖縄の基地負担問題を真剣に考えるようになると思います。手続法の定め方いかんによっては、その手続法を基に、自分のところに米軍基地が来ちゃいますからね。だから基地設置の地元の声にどこまで力を持たせるのかを本土全体で考えることになる。それはすなわち、沖縄の声をどこまで尊重すべきかを本土全体で真剣に考えることと同じです。

木村 内閣の心ひとつで自分の住む町にも米軍基地が作られるかもしれない、と自分の身に置き換えて考えるようになれば、沖縄が何を奪われてきたか、国民にわかりやすくなりますね。

橋下 そうですね。

木村 本土でも、横須賀や岩国の人は当然考えてきたことですが、全国民が考えるきっかけになりますね。

実体法に比べて、手続法に対する関心は低いように思います。でも、手続法は正当化の手続きでもあります。手続きを進めるなか、自らの政策内容の正統性を説明し、国民の理解を得ていく。時には、その過程で政策内容を修正したり撤回したりしていく。それが立憲です。

橋下 しかもこの手続法の仕組みは、社会には必要だけれども自分のところには来てほしくない施設、NIMBY（ニンビー）【not in my back yard（訳：私の裏庭にはつくらないで）】施設を設置するときにも利用できると思います。

原発の使用済み核燃料の最終処分施設がまだ日本には設置されていません。ゆえに原発を抱える日本の状況は、トイレなきマンションとも言われています。最終処分施設は日本にとって絶対に必要なのに、どの自治体も自分のところにだけは来てほしくない。

僕は、２０１５年の大阪都構想の住民投票で賛成多数となり、大阪都構想が実現に向けて進んだあとは、大阪市で使用済み核燃料の最終処分施設を引き受けることに挑戦しようと考えていました。使用済み核燃料の最終処分施設の設置は困難を極めるでしょう。議会のみならず、住民が猛反発することは必至です。

東日本大震災の際に被災地で大量に発生したがれきを大阪市で受け入れ処分しましたが、大変苦労しました。このがれきは、科学的な数値上まったく放射能汚染されておらず安全が確認できているにもかかわらず、大阪市で受け入れ処分しようと思ったら3年も4年もかかった。僕が知事のときに大阪での受け入れ表明をして、市長に転じてやっと実現できました。議会からも住民からも猛反発、猛批判を食らいました。専門家による受け入れ態勢の議論や、住民説明会などで莫大なエネルギーを費やしました。そのくせ大阪市にはなんの見返りもありません。

安全が確認されているがれきの処分ですらこんな状況です。それが高度な放射性廃棄物である使用済み核燃料の最終処分施設を設置するとなれば、どうなるでしょうか？　どこの自治体も引き受けることはないでしょう。

しかし日本にとって使用済み核燃料の最終処分施設は絶対に必要です。こういうときにこそ、施設設置手続法なんです。設置自治体の声をどこまで重視するか。一定の声をきちんと聞いて慎重に手続きを踏んでいけば、その自治体は設置を受け入れなければならない。こんな手続法を、国会議員は各自治体の意見を聞きながら、自分の地元にも最終処分施設が来るかもしれないことを念頭に、自分事として真剣に審議する。こういう政治の作業が今の日本にとって必要ですね。これも立憲ですよね。

木村　そうですね。自治体の声を聴く手続法を制定するためには、各国会議員が「自分のこと」として法案作成に関わらなければならない。今の国会議員は、党執行部の決定に異論をはさむことができず、選挙に勝ったあとは、法案議決のための数合わせ要員になってしまっている面もあります。トップダウンではなく、各国会議員がきちんと参加したうえで、法案を練り上げてほしいですね。

橋下　まさに国家権力を適切に行使する場面の話です。使用済み核燃料の最終処分施設を設置するなんて、国家権力を行使しなければできません。民間では絶対にできないことです。国家権力を縮小させてしまうと、どこにも最終処分施設を設置することができなくなります。これまでの最終処分施設の選定の迷走はここにありました。日本政府は、民間機関である原子力発電環境整備機構（ＮＵＭＯ）に最終処分施設の選定作業を丸投げしていたのです。今は、少し政府が前に出てきましたが、まだまだ権力行使が足りません。もっと権力の行使を強めなければ最終処分施設は決まりません。

他方、権力行使を強めれば、住民の権利を侵害することにも繋がる。だからこそ権力を適切に行使させるために、設置手続法が必要なんです。まさに立憲とは、権力を縮小させる話ばかりではなく、権力を適切に行使させる話でもあり、手続法の不可欠性の話のことだと言っても過言ではないでしょう。

木村　最高裁は「辺野古訴訟」でそこをわかってくれず、棄却されました。手続法がないという話が沖縄から出ていたのですが、日米安保条約があるからいいと言ったのです。条約と法律は違うことを無視する議論を最高裁がとるのは、いかがなものかと思います。

橋下　手続法がなくてもいい理由を積極的に論証していないですよね。

木村　政府ですらお茶を濁してきたのに、「条約なんだから黙れ」という態度を最高裁が明示していて、ある意味正直だと思いますね。

橋下　辺野古訴訟では、辺野古基地の抑止力についても、けっこう踏み込んだ意見をしていた印象があります。

木村　そうですね。福岡高裁那覇支部が、辺野古でなければならないと言い切ったのには驚きました。福岡高裁は、沖縄の「地理的優位性」についても言及していましたね。北朝鮮ミサイルの「ノドン」の射程圏外だ、なんて話も出てきました。ノドンが届かなくても、テポドンが届くのだから、地理的優位性の論拠としては無理だと思うのですけれど。

橋下　ええっ、そんなことを言ってるの？

木村　ノドンの射程圏外だから沖縄にあることに合理性があると言うんです。やはり米軍基地問題に関しては、裁判所は政府の判断をなぞるだけで、法的判断から乖離してしまっているように思います。

橋下　最高裁が判決を導くために安全保障論を一定程度展開することは否定できません。しかし司法府は法の原理を追求することがもっとも得意なわけですから、立憲とは何か、手続きをきちんと踏んでいるかについて力を注いで論証してもらいたかったですね。

僕は先ほども言いましたが、辺野古移設には賛成です。しかし手続きが踏まれていないことには反対です。

そして、今の最高裁の司法府としてのあり方に問題があるなら、それは政治が最高裁裁判官の人事を通じて是正していかなければなりません。今の最高裁は、安倍政権にとって都合がいい司法府でしょうから安倍政権が是正することはないでしょう。そうであれば野党が政権交代を果たし、最高裁裁判官の人事権をしっかり行使して、あるべき司法府を目指さなければならないんです。そのことがさらに政権与党に復帰した後の自民党政権に対する司法府のチェック機能を強化します。結局、あるべき司法府に近づくためには、二大政党制がきちんと機能し、そして政治が最高裁裁判官の人事権を適切に行使することが必要で、このプロセスを憲法は想定しています。だから、このプロセスを踏むことによって正解に近づいていくということが立憲そのものです。政治の司法府への介入でもなんでもないんですよね。今の最高裁の司法府としてのあり方に文句があるなら、それは最高裁事務総局に最高裁裁判官の人事を丸投げしてきたツケですね。

（2018年3月9日）

第4章

9条との対話❶

――「当てはめ」か「解釈」か

この章で話題になる憲法や法律

〈日本国憲法　第9条〉

日本国民は、正義と秩序を基調とする国際平和を誠実に希求し、国権の発動たる戦争と、武力による威嚇又は武力の行使は、国際紛争を解決する手段としては、永久にこれを放棄する。

2 前項の目的を達するため、陸海空軍その他の戦力は、これを保持しない。国の交戦権は、これを認めない。

〈「自衛権に関する政府見解」（通称：72年見解）〉

国際法上、国家は、いわゆる集団的自衛権、すなわち、自国と密接な関係にある外国に対する武力攻撃を、自国が直接攻撃されていないにかかわらず、実力をもつて阻止することが正当化されるという地位を有しているものとされており、国際連合憲章第51条、日本国との平和条約第5条（C）、日本国とアメリカ合衆国との間の相互協力及び安全保障条約前文並びに日本国とソヴィエト社会主義共和国連邦との共同宣言3第2段の規定は、この国際法の原則を宣明したものと思われる。そして、わが国が国際法上右の集団的自衛権を有していることは、主権国家である以上、当然といわなければならない。

ところで、政府は、従来から一貫して、わが国は国際法上いわゆる集団的自衛権を有しているとしても、国権の発動としてこれを行使することは、憲法の容認する自衛の措置の限界をこえるものであつて許されないとの立場にたつているが、これは次のような考え方に基づくものである。

憲法は、第9条において、同条にいわゆる戦争を放棄し、いわゆる戦力の保持を禁止しているが、前文において「全世界の国民が……平和のうちに生存する権利を有する」ことを確認し、また、第13条において「生命、自由及び幸福追求に対する国民の権利については、……国政の上で、最大の尊重を必要とする」旨を定めていることからも、わが国がみずからの存立を全うし国民が平和のうちに生存することまでも放棄していないことは明らかであつて、自国の平和と安全を維持しその存立を全うするために必要な自衛の措置をとることを禁じているとはとうてい解されない。しかしながら、だからといつて、平和主義をその基本原則とする憲法が、右にいう自衛のための措置を無制限に認めているとは解されないのであつて、それは、あくまで外国の武力攻撃によつて国民の生命、自由及び幸福追求の権利が根底からくつがえされるという急迫、不正の事態に対処し、国民のこれらの権利を守るための止むを得ない措置としてはじめて容認されるものであるから、その措置は、右の事態を排除するためとられるべき必要最少限度の範囲にとどまるべきものである。そうだとすれば、わが憲法の下で武力行使を行なうことが許されるのは、わが国に対する急迫、不正の侵害に対処する場合に限られるのであつて、したがつて、他国に加えられた武力攻撃を阻止することをその内容とするいわゆる集団的自衛権の行使は、憲法上許されないといわざるを得ない。

あまりにも憲法ありき？

木村　そろそろ９条のお話をしましょうか。橋下さんと私との意見がもっとも違う部分かもしれません。安保法制が議論されていたころに、各政党がどのようなスタンスをとっているのか調べたのですが、橋下さんは安全保障政策に対して、国際政治学者の話が聞かれずに、憲法学者の話ばかりになることを問題にされていたのが印象的でした。これはどのような意味なのでしょうか。

橋下　本来、国の安全保障の話は、国民・国家の生存に関わることですから、憲法の条文をどう解釈するかの話だけではありません。現下の国際情勢や他国の軍事力そして日本の国防力・外交力、さらには将来の国際情勢などを踏まえ、国民・国家の安全を守るにはどうすべきで、今何が足りないのか、不足分を補うためにどのように対策を講じていくべきなのかの議論をやらなくてはいけません。ここはまさに政治家を中心に、国際政治、外交、安全保障、防衛、財政などのプロが集まって徹底的な議論をしなければならない話です。

悔しいけれど中国には安全保障の戦略性を感じます。海洋国家を目指し、太平洋を支配していく意思を明確に感じます。そのうえで第一列島線、第二列島線というものを明確に引いて接近阻止・領域拒否という戦略を実践し、実際南シナ海に九段線なるものを引いてその内側の岩礁を軍事的に実効支配しつつあります。東シナ海は日中中間ラインの中国側付近にガス田開発を名目に構造物を設置し、こちらも着実に実効支配しつつあります。

日本も開かれたインド太平洋戦略というものを打ち出しましたが、これは周辺国に連携を呼びかける域を出ていません。中国が明確な太平洋戦略を持ち、その中国やロシアは核兵器を持ち、今、北朝鮮までが核兵器保有を目指している。アメリカは世界の警察官から降りる意思を示し、日本と緊張関係にある北朝鮮は既に日本を射程内に収める中距離弾道ミサイルを実戦配備し、韓国はその北朝鮮に対して融和政策を採る。このような状況下で、資源を自給できない日本は、何をどう備えていくべきなのか。ここが国家にとってもっとも重要な安全保障の議論だと思います。

そのうえで、国家権力の行使を適切に行わせるために存在する憲法と照らし合わせて、本来国家としてやらなければならない安全保障政策と憲法が想定しているものとの差異を認識し、そのすり合わせをやっていく。安全保障の専門家と憲法の専門家の議論によって、憲法の専門家の意見が修正されることもあるだろうし、安全保障の専門家の意見が修正されることもあるでしょう。どうしてもそのギャップを埋め合わせることができないのであれば、その安全保障政策を止めるか、憲法改正をする。

これが立憲的な安全保障論議だと思います。

ところがいまは、憲法学者の憲法9条の解釈から出発して、そこでの議論と結論によって国家の採るべき安全保障政策が完結してしまう。憲法学者は自分たちの憲法論が絶対的に正しいという前提で、ある意味国家の安全保障政策を確定させてしまっています。当事者のどちらが勝ちかを決める民事や商事の私法の領域や、行政の行為が妥当かどうかを決める行政法の領域、また過去の犯罪事実を確定していく刑法の領域においては、純粋な法理論を追求していくことが重要なのでしょう。しかし国家の安全保障論は、国民・国家の生存がかかっていることなので、純粋な法理論の追求も重要ですが、本来あるべき政策論も重要だと思います。

しかし今の日本の安全保障政策は、憲法学者の世界観における憲法9条の純粋な法理論の追求に拘泥し、国民・国家をどう守るかという視点からの考察が足りないのではないかと危惧しています。

たとえば、現在、日本の集団的自衛権を否定する一番の根拠となっているのは1972年の内閣法制局の見解、通称「72年見解」です。これは、A4の紙2枚分くらいのものなんですよね。ぺらっぺら。「自衛の措置は認められているが、それは『必要最小限度』でなければならず、その範囲に集団的自衛権は含まれない」という極めて演繹（えんえき）的なロジックで結論が導かれています。日本の安全保障が、たったこの3行ほどの文字で決められているんですよ！　そこに、日本の安全保障はどうあるべきか、という深い悩みは一切ありません。

もちろん内閣法制局の見解は、純粋な法理論を追求したものに過ぎないという意見もあります。そうであれば、それはあくまでも法的な視点からの意見のひとつに過ぎず、その意見も踏まえて国家は安全保障議論を深めるべきなのです。これがまさにあるべき安全保障政策と憲法論とのすり合わせであり、それこそが政治の役割です。

ところが、日本の政治は、法的な視点からの意見のひとつに過ぎない、内閣法制局の見解を絶対視してきた。内閣法制局は法律上内閣に助言する機関だと定められているのに、あたかも国家の安全保障を決定する機関のように振舞ってきた。完全に非立憲です。もし内閣法制局の見解が国家の安全保障政策を確定するようなものであるなら、それは単純な法理論の追求のみならず、深い安全保障議論も踏まえたものでなければならない。

木村　なるほど。橋下さんは、安全保障政策の決定にあたって、9条解釈の影響力が強すぎることに不満をお持ちなのですね。もっと国際関係論の視点を重視すべきだと。

私の理解では、9条解釈はあくまで理論に徹するべきです。現在の憲法条文の下で何をどこまでできるのかという「枠」を法解釈として明確にする。そのうえで、政治の側が実現したいと考えている政策がその枠からはみ出している場合には、政策を断念すべきなのか、憲法条文を変更すべきなのかを、議論していくのが筋だと思います。憲法解釈による「枠」を決めるときに政策判断を加味したのでは、「政策判断は、人権侵害・権力濫用が生じないように、憲法の枠内でしよう」という立憲主義が骨抜きになってしまいます。

また、どういう防衛政策をとって、どういう装備を持ち、どれだけの人員を配備するかというのは、防衛大綱や予算などで決めていく話です。72年見解は、あくまでも憲法の「枠」である憲法解釈を示したものですから、A4用紙で2枚なのも当然かと思います。

橋下　うーん、ここから完全に対立しちゃいますね（笑）。

木村さんの言われる、「どういう防衛政策をとって、どういう装備を持ち、どれだけの人員を配備するか」という話は、個別具体の行政的な話であって、僕が言っている国家の安全保障議論というのは、そのもう一段階上の政治的なレベルの話なんですけどね。

国際情勢、日米同盟における日本とアメリカの役割分担、国際貢献のあり方、世界の軍事力のなかでの日本の防衛力……それらを政治的に判断したうえで、その次に防衛省などが具体的な防衛政策や防衛装備、人員配置を考えていくことになります。

この政治的な国家の安全保障議論のなかで、内閣法制局の意見は、法的な視点でのひとつの意見に過ぎないし、もし国の安全保障政策を確定するものであるなら、A4用紙の2枚ものでは困ります。深い政治的な安全保障議論をしっかり行ったものでなければ。

本来ならば、内閣法制局の法的な意見も踏まえて、国家の安全保障政策を決定するのは政治の役割です。そしてその判断の是非を、国民による選挙か最高裁判所によってチェックするのが今の憲法の仕組みです。国民による選挙や最高裁判所によるチェックではなく、内閣法制局による見解に、政治が拘束されるというのは完全に非立憲です。朝日新聞的思考の一部インテリは、安倍さんが憲法解釈することは違憲だとか、非立憲だとか批判します。しかし安倍さんは個人として憲法判断を行っているのではなく、内閣として憲法判断を行っているのです。最高裁判所が憲法判断を行うことについて、それはおかしい！　と批判するインテリはいません。その人たちは、内閣総理大臣の安倍さんと最高裁判所は、同じ立場だということを認識していないのでしょう。なんとなく政治家である安倍さんのほうが権威がなく、最高裁のほうに権威があるように感じているから、安倍さんが憲法判断をしたら、それだけで非立憲だ！　と批判するのではないでしょうか。まさに権威主義ですね（笑）。安倍さんを批判するなら、その憲法解釈の中身を批判すべきであり、安倍さんが憲法判断すること自体を批判すべきではありません。

実際、72年見解の「必要最小限度」ということを一例にとって考えてみると、このような概念はいくらでも伸び縮みするものではないでしょうか。状況によって概念が変わってきますよね。今僕と木村さんのふたりがいる状況で、自分を守るための武器としてナイフを持つのは必要最小限度を超えますよね。でもみんながナイフを持っている状況だったら、ナイフも「必要最小限度」の範囲に入ると僕は思うんです。ここでは銃刀法違反などは横に置いておきます。でも内閣法制局は「必要最小限度」とは何かを議論するときに、現在の状況の検討をしていないんじゃないですか。

木村　これは「ルール」と「当てはめ」の違いの話だと思います。72年見解の示した「必要最小限度」という基準はルールです。このルールは、憲法の条文を変えない限り、時代が変わっても動きません。しかし、ボールペンだけが必要最小限度と言えるのか、ナイフでも必要最小限度と言えるのかが状況によって変わるのは、「当てはめ」の問題です。ルール自体はまったく同じでも、状況の変化によって当てはめが変わることはあります。

橋下　そうですよね。状況によって当てはめが変わる。だからルールの適用にあたっては状況の変化というものをしっかりと検証しなければなりません。状況が変化しているのに、以前と同じ結論を導くルールの適用は、当てはめがおかしいと考えなければなりません。自衛の措置を定めた72年見解の「必要最小限度」の当てはめも、状況の変化に応じて変わる可能性が当然ある。

しかし、この状況の変化というものが、憲法9条論においてまったく議論されていないのではないでしょうか？　状況の変化というものは、まさに安全保障論議そのものので、憲法学者よりもむしろ安全保障の専門家が議論すべき事柄だと思います。

憲法論からのルールとして自衛の措置は「必要最小限度」に限られるとしても、ではその必要最小限の範囲はどこまでなのか？　ここはさらに憲法論だけで確定していく「ルール」の話なのか、それとも状況を「当てはめ」て確定していく話なのか、境界線はあいまいです。

今は、状況を当てはめることなく、憲法論のみで「集団的自衛権は含まれない」という結論になっていますが、状況を当てはめて結論を導くとすれば、72年当時と現在では国際情勢が明らかに変化していますので、結論に変化が出てもおかしくありません。

72年見解がA4用紙2枚ほどのぺらっぺらであることの問題は、この状況の当てはめがまったくないことです。憲法9条より自衛の措置が必要最小限であることはわかった。この点、僕は疑問がありますが、それは横に置きます。では、どのようなものが必要最小限であるか。それは、当てはめの話でもありますので、ここで72年当時の状況を当てはめなければならない。これが先ほど述べた、現下の国際情勢や他国の軍事力そして日本の国防力・外交力、さらには将来の国際情勢などの安全保障論議です。

ところが、この72年当時の状況というものの当てはめがすっぽりと抜けて、いきなり必要最小限のなかには集団的自衛権は含まれないと抽象的演繹的な理屈だけで導き出してしまったところが72年見解の最大の問題点です。状況の当てはめがないから、72年見解には安全保障の悩みがまったくない。だからペラペラで薄い。そして72年当時の状況の当てはめがないから、72年見解を支える当時の状況と現在の状況に変化があることが大きく問題視されない。状況が変われば当てはめが変わり結論も変わるという認識が生まれないのは、72年見解において状況の当てはめが全くないので、72年見解はどんな状況でも当てはまる絶対的ルールだと思われていることが原因だと思います。

僕の例では、それまで武器として認められなかったナイフが、状況の変化によって認められるようになりました。木村さんは、状況の変化で当てはめは変わると言われ、僕の例での変更を認められました。そうであれば、72年見解も、状況の変化に応じて当てはめの変更があるはずです。72年見解当時と現在では、国際情勢等の状況がまったく異なります。ゆえに72年当時は、必要最小限度のなかに集団的自衛権は含まれないとしていたが、現在はどうなのか。ここで単なる法理論の追求ではなく、現下の国際情勢などの状況を基に、徹底的に当てはめの議論をすることが必要なのに、憲法学者はそれをしていないのではないでしょうか？　そしてこの当てはめの議論こそ、憲法学者と安全保障の専門家が共同で行うことだと思っています。

今は憲法学者の抽象的な法理論の追求だけにとどまってしまっています。おそらく憲法学者からすると、「自衛の措置は必要最小限でなければならず、集団的自衛権は必要最小限度に含まれない」というところまでがルールだという認識かもしれません。しかし必要最小限に集団的自衛権が含まれるかどうかは、論理の構造上明らかに当てはめの話だと思います。あとはその当てはめを法理論の追求というアプローチでいくのか、それとも現下の国際情勢などの状況を当てはめるアプローチでいくのか。どちらかの二者択一という話ではなく、両方からのアプローチで深く議論しなければならないのでしょう。ところが今は、法理論の追求アプローチしかとられていない。

そしてそもそも論になってしまうのですが、僕も法律を学んだ際に、「ルール」「規範」と「当てはめ」ということを勉強しましたが、その区別、限界は曖昧なところもあると感じています。確かに理論的には区別ができます。しかし先ほど僕が示した例のように、かつてはダメだったナイフが状況の変化の当てはめによって今回はよくなったという、いわゆる「当てはめ」の変更は、ナイフ禁止のルールがナイフOKになったという「ルール」の変更だとも言えます。僕が言いたいことは、ルールの変更であろうが、当てはめの変更であろうが、とにかく状況の変化によって変更があり得るということです。

木村　「ルール」と「当てはめ」の区別が実際の現場で曖昧になることはありますが、その区別をしなければ「法の支配」は成り立ちません。「これはルールの問題か、当てはめの問題か」と振り分け、そのうえで、妥当かどうかをチェックする。そのプロセスこそが、「法の支配」の根幹です。

「政策論」としてごちゃまぜのまま議論したのでは、論点を整理できないまま、論者の勢いで結論が出てしまいます。だからこそ、面倒くさくても、あえて「ルール」と「当てはめ」といった分析的な視点を持ちこみ、一つひとつのプロセスで、「このルールは、条文の解釈として妥当なのか」「この当てはめは、ルールに照らして妥当なのか」をチェックしていく。議論する人たちの共通のチェックシートになるのが、法の条文であり、法解釈として導かれたルールです。「ルール」と「当てはめ」に分けて考えるというプロセスは、手続法の一種であり、そうしたプロセスを経なければ、結論に正統性はありません。そうした手続きを通じて、判断のプロセスを示し、反対の意見を持つ人との議論のベースを作ることが重要なのです。そうした議論の枠組みを無視してしまっては、いくら言葉を重ね、思いのたけを述べたところで、居酒屋談義と変わらない。法的議論としては、意味がありません。

もちろん、議論の積み重ねにより、「ルール」や「当てはめ」は変わりうるものです。ただ、新しい事情が出てきたときにまず検討すべきなのは、「当てはめ」の変更でうまく状況に対応できるかどうかです。それでは対応しきれないとなって初めて、ルールの変更が検討されることになる。

当てはめの変更とルールの変更とは違う性質になります。たとえば、日中韓が公海上にエネルギーを作るプラントを持っていたとしましょう。そのプラントがある国に武力攻撃された場合に、「日本の領域外だからといって対処しなくていいのか?」という問題が出たとします。議論の結果、「日本が参加しており、国際共同管理している施設に対する攻撃は、日本も武力で対処できる」とルール変更すべきとの結論が出ることもあり得るでしょう。でも、そのルール変更は、法や憲法を改正するというルール変更の手続きを経る。それが筋だと思います。

橋下　そうですね。ただしそれは、公海上の日中韓の共同プラントが攻撃されても日本は武力行使できないという明確な憲法上、法律上のルールがある場合ではないでしょうか。その場合に武力行使ができると変更するには、木村さんの言われる通り憲法改正、法律改正が必要なんでしょう。しかし、武力行使ができないことが、そもそも憲法9条というルールを基に、ある状況の当てはめによって導き出されたものであれば、状況の変化によって当てはめの変更が生じ、結論が変わってくる場合もあると思います。この場合には、憲法改正や法律改正は必要なく、憲法9条の適用にあたって、当てはめの変更をすることによって結論が変わります。このようにルールの変更か当てはめの変更かは相対的なものではないでしょうか。

一見ルールだと思われているものでも、実はそのルールは、もうひとつ上のおおものレベルのルールにある状況の当てはめを行って導き出されたものだとします。そうすると、これはルールなのか？　当てはめなのか？　当てはめによって導き出されたルールと言えるのでしょう。この場合には状況の変化、当てはめの変化も検証しなければならないし、法理論の追求も行わなければならない。両方が必要です。

72年見解の「自衛の措置は必要最小限度でなければならず、集団的自衛権は必要最小限には含まれない」というのはルールでもありますが、憲法９条というルールを基に、必要最小限にあたるかどうかを当てはめて導き出されたものとも言えます。72年見解に、当時の国際情勢などの状況を当てはめた形跡がまったくないので、これは当てはめによって導き出されたものだとは認識されていないのでしょうが、当てはめの部分があることは間違いありません。

木村さんが言われるように、まずは当てはめの変更でうまく状況に対応できるかどうかを検討する。ゆえに72年見解については、憲法改正などのルール変更だけではなく、当てはめの変更を模索する余地もあるわけです。これこそが、憲法学者や安全保障の専門家が共同で議論すべきところだと思います。

そしてこの当てはめの変更ということが、法律の解釈、憲法解釈というものではないでしょうか？

法学において法解釈を学ぶときに、立法事実の検証ということを学びますよね。法律というものは思想家みたいな人たちが頭のなかで抽象論をこねくり回すようなプロセスで出来上がるのではなく、あくまでも社会の現実的な事実を検証して作り上げていく。法律は社会的な事実に支えられたものでなければならないという考えです。ゆえにその法律が本当に必要なのか、法律が適用される射程の範囲が妥当かを検証するには、その法律を支える社会的事実を検証していきます。そして法律の解釈もこの社会的事実を検証しながら考えていく。この社会的事実を立法事実といいます。法律の合憲性の判断などの憲法解釈も同じで、抽象論ではなく社会的事実を検証していく。憲法を支える社会的事実を僕は憲法事実と呼んでいますが、憲法解釈も憲法事実の具体的な検証をもとに行っていかなければなりません。

先ほど話題になった、非嫡出子と嫡出子の相続分についてですが、かつては非嫡出子のそれは嫡出子のそれよりも法律上低く抑えられていました。しかしそれは憲法14条の平等原則を支える当時の社会的状況、すなわち憲法事実からすると合憲であった。ところが現在の社会的状況においては、非嫡出子を差別的に扱うことは許されない状況になり、この憲法事実からその法律は違憲と判断されることになりました。これは状況の変化、当てはめの変更と言えます。ゆえに結論が変わっても、憲法改正までは必要になっていません。他方、非嫡出子を差別的に扱う法律の方は、立法事実が変わりましたが、これは当てはめの変更では対応できず、法律改正によって対応しました。憲法レベルでは当てはめの変更、法律レベルではルールの変更という対応です。

このように憲法事実、立法事実を具体的に検証することが憲法解釈、法解釈では必要不可欠な作業ですし、憲法事実の変化によって憲法解釈が変わることも当然あるはずです。状況の変化による当てはめの変更や解釈の変更で対応できなければルールの変更が必要なのはその通りですが、そうであれば状況の変化による当てはめの変更や解釈の変更を徹底的に議論すべきです。これがあるべき安全保障政策と法理論の追求のすり合わせ作業です。両者のギャップの埋め合わせ作業ですね。しかし、72年見解を含めた憲法9条論においては、憲法事実、立法事実そしてその状況の変化などの詳細な検証が足りない感じがします。この検証は憲法学者のみならず、安全保障の専門家も加えて行うべきことは繰り返し述べてきましたが、今の日本ではその検証をせず、憲法学者の法理論の追求のみで国家の安全保障政策が決まってしまう状況に、非常に大きな違和感と危機感を覚えています。

自衛権の定義とは？

橋下 まず法理論の追求としての議論を進めていく前に、木村さんが言われている「自衛権」の定義はどこから出てきたのでしょうか。

木村 少し遠回りになりますが、整理させてください。「自衛権」について理解するためには、国際法と憲法のふたつの文脈をおさえる必要があります。

まず国際法の文脈では、武力行使は次のように考えられています。

❶原則として、武力による威嚇・武力の行使は違法であり、禁止される（国連憲章2条4項）

❷例外的に、安保理決議に基づく集団安全保障措置は許容される（国連憲章42条）

❸さらに例外的に、安保理決議がない段階でも、武力攻撃に対しては、個別的自衛権・集団的自衛権に基づく措置を取ることができる（国連憲章51条）

二度にわたる世界大戦の反省を踏まえて、国家による武力の利用一般が禁じられたのが❶です。かつては、宣戦布告をし、戦時国際法を守る限りは戦争をしても良いという時代もありました。しかし、現代の国際法の下では、「戦争」は違法です。これは「武力不行使原則」と呼ばれます。仮に国連非加盟国であっても、国際関係で武力を行使すると非難されます。

ただ、武力不行使原則にも例外があります。違法な武力攻撃をする国が出てきた場合に、何も対抗手段がないのでは困るからです。国連は、侵略国家が現れたら、国連全体で反撃を加えることにしました。これが❷の「集団安全保障」です。「集団的自衛権」と言葉は似ていますが、全く別の制度なので注意してください。安保理決議があれば、侵略国に対抗するための軍事措置が許容されます。

もっとも、安保理決議は合議を経なければなりませんし、五大国には拒否権までありますから、必要な時に適切な決議がすぐにとれるとは限りません。そもそも、A国がB国へミサイル発射準備を開始したときに、安保理決議を待っている余裕はないでしょう。そうした場合に備えたのが❸です。急迫不正の侵害を受けた国は、「必要最小限度」の範囲で反撃などの措置をとれます。これが国際法上の「自衛権」です。自衛権は国際法上の例外中の例外で、極めて限定された条件で行使できます。自衛権には自国を守るための措置をとる「個別的自衛権」と、他国の自衛に協力する「集団的自衛権」があるとされます。

そして、自衛権の行使には3つの条件があります。

❶武力攻撃の発生：実際に攻撃を受けているか、いまにも攻撃が行われる切迫した危険が存在
❷自衛の必要性：それ以外の方法では自衛できない
❸自衛の均衡性：自衛のために必要な範囲を超えた実力を行使しない

橋下 ここまでが国際法の話ね。ただ一点。国際法上の自衛権は「必要最小限度」に限定されず、「必要」の範囲で認められていると思います。もちろん均衡性という条件も加わりますが、必要と必要最小限度はまったく異なる概念です。

木村 国際法の「必要性」と「均衡性」の要件を合わせて、日本では「必要最小限度」と呼んでいます。

実は、憲法自体には「自衛権」の概念はありません。とはいえ、日本国憲法は何らかの安全保障政策をとることを許容しているし、国民のために安全保障政策をとることを要求してさえいる。そうした憲法が認める安全保障政策を、国際法と照らし合わせることで、はじめて自衛権をめぐる議論は理解できるものなのです。

第9条

1 日本国民は、正義と秩序を基調とする国際平和を誠実に希求し、国権の発動たる戦争と、武力による威嚇又は武力の行使は、国際紛争を解決する手段としては、永久にこれを放棄する。

2 前項の目的を達するため、陸海空軍その他の戦力は、これを保持しない。国の交戦権は、これを認めない。

9条1項は、国際紛争解決手段としての「戦争」や「武力による威嚇」「武力の行使」を放棄しています。これは、国際法上許されない武力行使を禁ずるものとされます。

2項は、「陸海空軍その他の戦力は、これを保持しない」とあるので、「どのような目的であれ一切の軍に相当する一切の組織が禁止されている」と理解する人もいます。これに対して、条文に「前項の目的を達するため」と書いてあるから、「国際法違反の武力行使のための組織の設置だけが禁止されている」と理解する人もいます。

この点について、政府は、「2項は一切の戦力を禁止しているが、他国の武力攻撃により国家の存立を全うできない場合には対抗する措置がとれる」との立場をとっています。その立場の背景には、次のような理解があるはずです。まず、侵略国が現れても自分では何も対抗せずに国際世論が動いてくれるのを待つだけというのは、国民の生命に対して責任を持つ国家としてあまりに無責任です。かといって、国際法で禁止されていないことは何でもできるというのは、憲法9条をわざわざ定めた意味がわからなくなってしまいます。9条の文言と、主権国家としての国家の責任とのギリギリの調整として、こうした解釈が導かれているのです。

そこで、国際法が許容する武力行使のうち、どこまでを日本国憲法が許容しているのかを考えていく必要があります。

さて、国際法上の武力不行使原則には3つの例外がありましたよね。

(1) 安保理決議に基づく軍事措置
(2) 集団的自衛権
(3) 個別的自衛権

これらは憲法9条1項が禁じる「戦争」や「武力による威嚇」「武力の行使」には該当しません。じゃあやっていいのか？　と考えたとき政府は次のように解釈してきました。

本来、侵略国への対応は国連による集団安全保障によるのが筋ではあるが、それは万全ではなく、国連に完全に依存したのでは、日本国民の生命や安全を守ることができない。憲法13条には「生命、自由及び幸福追求に対する国民の権利については、……立法その他の国政の上で、最大の尊重を必要とする」とあり、国民の権利を守る義務がある。だとすれば（**3**）の個別的自衛権の行使は禁じられていない、と解釈することができる。

これに対して、日本が攻撃された場合以外の（**1**）と（**2**）は日本の領域外で生じている問題ですから、日本政府がそれを行う義務はありません。しかも（**1**）や（**2**）を行うなら、それぞれのケースで参加するかしないかを判断する必要がありますが、誰がどのように判断するのか、その手続きを決める規定が憲法典にありません。つまり日本国憲法は、安保理決議に基づく軍事措置と集団的自衛権に参加することを想定していないと解釈せざるをえません。

メディアでは、「憲法の下では、個別的自衛権は行使できるが、集団的自衛権は行使できない」と表現されることも多いのですが、正確には、「憲法の下では、日本政府は国民の生命等を守る義務があり、この限りで、日本が外国から武力攻撃を受けたときには防衛のための武力行使をする権限がある。この権限の行使は、国際法的には、個別的自衛権の行使として正当化される」と表現すべきことです。

橋下　的確な解説、ありがとうございます。ここでの僕の疑問は、国際法では武力行使として3つのものが認められているが、日本国憲法ではそのうちの個別的自衛権のみが認められるという解釈についてです。この結論も、その当時の国際情勢が多分に影響していると思います。木村さんは、国際法で認められる3つの武力行使が日本でもできるのであれば、わざわざ憲法9条を置いた意味がないと言われますが、それはその当時の国際情勢等から憲法9条を置いた背景もあると思います。実際木村さんは、憲法9条1項は国際法が認める（1）安保理決議に基づく軍事措置（2）集団的自衛権（3）個別的自衛権は禁じていないと言われる。ただし憲法9条2項の解釈から個別的自衛権に限られる、と。その際、憲法9条2項を支える憲法制定当時の社会事実を検証したうえで、現在そこに状況変化が生じたのかを詳細に検証する必要があると思います。

そして、木村さんは「（1）や（2）を行うなら、それぞれのケースで参加するかしないかを判断する必要があるが、誰がどのように判断するのか、その手続きを決める規定が憲法典にない。つまり日本国憲法は、安保理決議に基づく軍事措置と集団的自衛権に参加することを想定していないと解釈せざるをえない」と言われています。これは憲法9条から（1）や（2）が否定されているというよりも、今の憲法典に手続き規定が存在しないから（1）や（2）が認められないという考えであって、非常に重要な指摘です。つまり、過去から現在にいたるまで憲法改正論議の柱となってきた憲法9条の改正によるのではなく、手続き規定を定める憲法改正によって日本も（1）や（2）ができる可能性があるという示唆です。

木村　自衛隊の性質を変更して、国民の安全を守るだけでなく、国際的な軍事活動をできる組織にしたいと国民が考え、その意思が憲法改正という形で示されたならば、当然、そうですよね。9条2項の文言修正がまったく不要かと言われると、合わせて修正したほうがすっきりするとは思いますが。

現在の日本国憲法は、国際貢献の方法を軍事活動以外に限定していますが、国際法の大沼保昭先生は、先進国の責任として日本も軍の派兵という形で国際貢献すべきだと主張されていました。「日本の安全のために集団的自衛権が必要だ」という議論は、集団的自衛権の概念を理解しているのかすら怪しくて、話にならないと思いますが、「先進国として世界の安全にどう貢献するべきか」は、十分に国民的に議論すべきことだと思います。

そして、国際貢献として集団的自衛権行使などの軍事活動をすべきかどうかの話と、自国の安全を維持するために自衛の措置が必要だとして、何をどこまで準備するかの話も、全く別の話です。

橋下　「日本が武力攻撃を受けたとき」とは、どのように定義付けをしているのでしょうか。

木村　「外国から日本への武力攻撃への着手があったとき」と定義されます。これは国際法上の個別的自衛権の発動要件と同じなので、日本国憲法上許される武力行使はすべて個別的自衛権で根拠付けられる、という解釈です。

橋下　つまり、日本の領土への攻撃が前提になっているんですか？

木村　日本の主権への攻撃だと私は理解をしています。領土というよりも領域ですね。領土に限らず、領海、領空を含む概念です。

諸外国の憲法には、軍事権に関する規定があり、責任者は誰か、意思決定はどのように行うかが書かれています。しかし、日本国憲法は、領域の範囲を超えた活動については外交に関する規定があるのみです。日本政府が武器を使った活動をできるとすれば行政権の範囲に限られる、という政府の解釈は、基本的に妥当な解釈です。行政権が及ぶ範囲は、日本の領域のなかです。もっとも、武力行使をできるのが日本の領域内のみとは、必ずしも限りません。日本に対する主権侵害、領域内への攻撃を防ぐために、やむを得ず外国や日本の領域外で武力行使をせざるを得ないことがあるからです。日本の領域への攻撃がなければ日本は武力行使できませんが、武力行使する場所が領域内に限られるとまでは言えません。

橋下　僕の役割として、疑問をぶつけていきますね（笑）。

まず主権や領域というものも、あくまでも法的な概念です。ヒト・モノ・カネの情報が国境をいとも簡単に飛び越え、国際社会のグローバル化がどんどん進んでいる現在、憲法議論をするうえでの憲法上の主権や領域という概念についても、これまでの考えを見直したり、修正したりする必要があるのかどうか徹底議論が必要だと思います。

そして木村さんは、「日本政府が武器を使った活動をできるとすれば行政権の範囲に限られる、という政府の解釈は、基本的に妥当な解釈である」としながら、「行政権が及ぶ範囲は、日本の領域の中」だが、「もっとも、武力行使をできるのが日本の領域内のみとは、必ずしも限らない。日本に対する主権侵害、領域内への攻撃を防ぐために、『やむを得ず』外国や日本の領域外で武力行使をせざるを得ないことがあるからだ。日本の領域への攻撃がなければ日本は武力行使できないが、武力行使をする場所が領域内に限られるとまでは言えない」という結論を解釈で導いています。

すなわち法理論の追求では、本来領域外での武力行使は認められないが、主権を守るために「やむを得ない」場合には、領域外での武力行使も認められるという論理です。「やむを得ない」という理由で、法理論の本来の結論を破ることができるのであれば、これはありとあらゆることに使えてしまいます。木村さんが憲法9条の法理論の追求によって導き出した種々の結論を、「やむを得ない」という理由で破って反対の結論にすることもできてしまう。

さらに、海賊行為処罰・対処法は、本来のあるべき政策論と法理論の追求のすり合わせをギリギリのところまで模索して制定されたものです。国際情勢という状況の変化によって、領域外における海賊行為について一定の反撃ができるようになった。しかも外国船を守るためにも一定の武器使用ができるようになりました。法理論の追求からすると、日本の領域内への侵害でもない公海上の海賊行為に対して、しかも外国船を守るために、一定の武器の使用をすることは大いに問題があるところですが、これも状況変化による当てはめの変更、憲法解釈の変更によって認めるようになったのです。

憲法論議では、法理論の追求だけでなく、もっともっと状況変更の部分を議論し、当てはめの変更、概念の変更、解釈の変更も追求すべきだと思います。

他方、「諸外国の憲法には、軍事権に関する規定があり、責任者は誰か、意思決定はどのように行うかが書かれているが、日本の憲法にはそのような規定が存在しないがゆえに領域外においては武器を使った活動はできない」という木村さんの指摘は、先ほども言いましたけど、非常に重要な問題点の指摘だと思います。これまでの憲法9条論議を大きく変えるものだと思います。

木村　まず、一般論として、「やむを得ない場合」とか「必要最小限」といった判断・評価が実際にはきわどい判断になるのは確かですが、それを認定していくのが法的判断というものです。「難しいからやめよう」というものではない。常に、「これはやむを得ないといえるだろうか」「これは必要最小限といえるだろうか」と、説明責任を果たしていく。それによって、強大な権力が適正に行使されるようにするのが法の支配というものでしょう。

また、敵地攻撃について、やむを得ない場合の「例外」として理解しているわけではありません。行政権は、主権領域内における支配作用ですから、領域内支配に必要な活動は、行政権の行使にあたります。例えば、外国から日本に対してミサイル攻撃があった場合には、外国領土内のミサイル発射基地を攻撃しなければ、主権を維持できない。そうだとすれば、領域主権の侵害を排除するための活動は、行政権の行使です。

海賊は国家的主体ではないですから、軍事権の対象ではなく、犯罪の一種です。犯罪行為への対応は、行政活動です。条約によって、海賊対策は各国の警察権の対象と定められており、それに基づく刑事特別法が制定されています。公海上での海賊取り締まりは、行政権の行使でしょう。

憲法解釈としては、このラインは変えようがない。それによって必要な政策が実現できないのだとすれば、国民に訴えて改憲すればいいだけです。憲法解釈の結論が気に入らないからと言って、憲法学者や内閣法制局を攻撃するのは筋違いでしょう。

橋下　では、また法理論の追求に戻りますが、武力攻撃は外国においてどこまで許されるのでしょうか。

木村　策源地攻撃までです。日本への武力攻撃があり、かつ、日本の領域内での実力行使では攻撃を防げないというケースでは、外国の領域や公海にある策源地への攻撃が許されます。日本国の領域外であっても、日本への武力攻撃を止めるために必要であれば、武力行使は許されるという理解になります。

橋下　結局、ここは「やむを得ない」「必要であれば」というのが理由ですよね。法理論の追求からすると本来は領域内での武力攻撃だけが許されるが、それでは日本を守ることができないから、「やむを得ず」「必要性から」領域外の武力攻撃も許される、と。

ルールというのは公平・公正に適用されなければなりませんから、時々の状況に左右されないように、まずは理論で考えていくというのは理解できます。しかし世の中は複雑怪奇。理論の追求だけでは、どうしても不都合な場面が生じてくる。そのときには「やむを得ず」「必要性から」という理由で、理論を修正する必要が出てきます。そして、自衛権という概念についても、それを支える社会状況、国際情勢というものが背景になっており、その社会状況や国際情勢の変化によって自衛権の概念に変化が生じた例として、カロライン号事件（1837年）をあげたいと思います。国際法上、自衛権が初めて主張されたのがカロライン号事件においてです。

少し説明すると、イギリス領カナダで起きた反乱の際、反乱軍はアメリカのカロライン号を使って人員物資の運搬を行っていました。イギリス海軍はアメリカ領内に停泊中のカロライン号を襲い、その結果アメリカ人に数名の死者がでました。そのときアメリカの国務長官ダニエル・ウェブスターは自衛権を「目前に差し迫った重大な自衛の必要性があり」「手段の選択の余裕なく」その手段は「必要によって限定され、明らかにその限界内にとどまるもの」と定義しました。いわゆる「ウェブスター見解」というもので、必要性、切迫性、均衡性が自衛権発動の条件とされ、それが国際法上の自衛権とされました。ここでは自国領域への攻撃かどうかは問うていません。必要性があれば、相当の範囲で武力攻撃ができるわけです。

木村　自衛権は、19世紀と、20世紀では異なる概念になっています。19世紀は戦争違法化前の時代です。当時は、宣戦布告をして戦時国際法さえ守っていれば戦争は適法とされていましたから、外国から侵略されたとき、防衛のための武力行使を「自衛権」という言葉で正当化する必要がありませんでした。国際法が専門の森肇志(ただし)さんの研究によると、19世紀の「自衛権」は、自国を攻撃してくる国に対し反撃する権利ではなかったようです。たとえば、国内で罪を犯した犯罪者やゲリラが国外に逃亡した場合などには、緊急的に領域を侵犯しなければならない。そんな風に、その国本体を攻撃するのではなく、その国内にいるゲリラや犯罪者を攻撃するために、一時的に領域を侵犯するのに「自衛権」という言葉を使っていたらしいんです。ですから今、橋下さんが提起されたのは、国連憲章以前の古典的な自衛権と呼ばれるものだと思います。

これに対し、20世紀半ば以降、戦争と武力行使が違法化されます。そうなると、侵略から防衛するための武力行使を、武力不行使原則の例外として正当化する権利を認めておく必要があります。これが、国連憲章51条の自衛権ですね。

ですから、自衛権には、❶ゲリラなどに対応するための他国への領域侵犯を正当化する権利（古典的自衛権）という意味と、❷国連憲章51条の自衛権のふたつがあると理解しておけばよいでしょう。現在、自衛権というと、普通は❷の方を指しますが、❶古典的自衛権がなくなったわけではありません。ただ、国際法上、戦争が違法化される前と後とでは、自衛権で正当化しなければいけない対象が変わったのです。

橋下　そうですね。時代とともに、状況の変化に応じて、自衛権という概念も変わる。19世紀と20世紀で自衛権の概念に違いがあるのであれば、21世紀においても、20世紀の概念とは異なる自衛権というものを模索しなければならないのではないでしょうか。

サイバー攻撃と新しいルール作り

橋下　僕がカロライン号事件を問題にしたのは、現代の国際情勢がまさにカロライン号事件で定義された自衛権を必要としているからです。

まず兵器の性能に圧倒的な変化が生じました。領域、特に領土を大砲と戦車で侵略してくる時代から、短くて数分、長くても数時間で国家を破滅的に破壊するミサイルの登場です。こんな状況で、自国の領域を侵害されてから反撃するという悠長なことは言っていられません。そこで自衛権発動の条件である相手国から自国への武力攻撃とは、攻撃の「着手」があったときと解釈され、早めに反撃ができるように解釈されています。これも、そうすることは「やむを得ない」「必要性がある」というのが理由です。

さらにアメリカは、イラク戦争をはじめとして、もっと反撃の時期を早め、それがついには先制攻撃に及ぶことがあります。反撃を超えて、先制攻撃。これもカロライン号事件の自衛権の思想です。国際法上、先制攻撃は違法だというのが多数説ですが、先制攻撃を認める人たちは、国連憲章上の自衛権はカロライン号事件の自衛権を排除していないという解釈のようです。今般の北朝鮮に対する攻撃というものも先制攻撃論が基になっています。北朝鮮から核兵器による攻撃を受けるのを待ってはいられません。ゆえに先に攻撃して潰してしまうという理屈ですが、これもある意味「やむを得ない」「必要性がある」で正当化できる話でもあります。

ほかの場面では「やむを得ない」「必要性がある」という理由をたくさん使っておきながら、先制攻撃論のときだけ「やむを得ない」「必要性がある」という理由を絶対に使えないという理屈が僕にはわかりません。

さらに、テロ対策というものも現代社会においては非常に重要な課題です。主権国家と主権国家が戦うだけでなく、テロ集団と主権国家が戦う時代になりました。そしてグローバル化の時代、テロリストは国境を越えて自由に移動し、特定の国を拠点に潜んでいたりします。もうひとつ、サイバー攻撃というものも現代社会における安全保障の大きな課題です。単純に武力攻撃とは言えません。ではサイバー攻撃を受けた国家は、反撃のための武力行使は絶対にできないのか。

このように、戦争を違法化した20世紀初頭のときと現代では大きく状況が変わりました。それにもかかわらず、戦争を違法化した当時の状況を基にした自衛権の定義にこだわり続け、それを絶対的なものとする憲法論議には非常に違和感を覚えます。

木村　まず、自衛隊の防衛出動の要件である「武力攻撃事態」が、日本に対する武力攻撃の着手の時点で認められる、という法解釈は、昔から変わっていません。ミサイル攻撃という新しい手段が出てきたことで、「ミサイル攻撃の場合に、どの時点で武力攻撃の着手と言えるか」について当てはめがなされただけです。

また、アメリカが先制攻撃を容認しているかのようにおっしゃいますが、アメリカとイギリスも、イラク戦争を「先制攻撃」として正当化したわけではありません。イラク戦争の正当化根拠は大量破壊兵器の存在でしたが、「それは武力攻撃の正当化根拠にはならない」と、国際法的に見て強い批判が上がっています。そもそもイラク戦争が「やむを得ない」ものだったかも疑問ですが、「やむを得なかったから正当だ」というのは、正しい国際法の議論とは言えません。

さらに、「テロ対策」と「サイバー攻撃」の問題は、きちんと切り離して議論すべきです。まずはテロ対策について。たとえばA国にテロリストがいて、A国に対する攻撃はしたくないが、テロリストはなんとかしなければいけないという場合。これがカロライン号事件的だということですよね。そのときに、他国に対する領域侵犯をして実力行使をしたほうがいいと橋下さんは考えているのでしょうか？

橋下　他国にいるテロリストを攻撃することは、絶対にダメだとは言えません。

木村　ただ、「テロ対策のためにやむを得ない場合には領域侵犯をしてもよい」と認めると、ほかの国の軍隊が、日本の領域にテロ対策を名目に侵入してくることも認めなくてはなりませんから、慎重な考慮が必要ですよね。

国際法論とは別に、憲法論が問題になりますが、自衛隊を派遣していいのでしょうか？

橋下　うーん、自衛隊の話はちょっと横に置かせてください。木村さんの問題提起である、日本の憲法には軍事力行使に関する手続き規定がまったくない、というのがずっと引っかかっているんです。僕は憲法9条という条文の解釈は、すでに存在する条文の、言葉・概念の解釈なので、時代とともに変わってくるという立場です。あるべき理想の政策と法理論の追求の結果のギャップは、状況の変化による当てはめの変更や解釈の変更で埋め合わせることが可能である、と。しかし、憲法に手続き的規定が存在しないということは、条文が存在しないわけですから、条文の存在を前提とする当てはめの変更や解釈の変更で対応することはできないと感じています。だって、当てはめの変更や解釈の変更はすでに存在する条文に行われるものなので、それをしたからといって存在しない条文が突如現れるということはありませんからね。ゆえに、他国の軍隊を例に議論させてください。

ある国が、自国を攻撃するテロリストを抹殺するために、他国の領域で軍事力を行使するのはどうか。これはある国が他国を攻撃するのではなく、あくまでもテロリストへの攻撃です。ただし他国の行政権、主権の管轄内での攻撃になります。他国の同意があればもちろんいい。しかし同意がない場合にはどうか。法理論の追求としては、他国の行政権、主権を侵す武力行使は原則ダメです。しかしやはり状況によっては「やむを得ない」「必要性がある」という理由で、武力行使を認める場合もあると思います。他国の行政権、主権を侵さない形での武力行使というものがあるのか、それとも例外的にそれらを侵す武力行使を認めるのか。ここを悩みながら武力行使の可能性を模索し、条件付けていく作業こそが憲法学者と安全保障の専門家の共同作業だと思います。

まあアメリカには、その悩みというのが感じられませんけどね。自分たちの他国に対する軍事行動はすべて正しいという感じです。パキスタン領空で無人機を使ってテロリストを殺害することも、それに純粋な対テロリスト攻撃ではないですが、シリアに対してミサイルをぶっ放すのもすべて「自衛権」として正当化しています。逆に、日本の場合には、深い悩みもなく憲法9条を盾に「できない」の一点張りになることが多いですけど。

木村　アメリカの「自衛権」の行使は、ほかの先進国と比べても国際法的にかなり無理があって、アメリカを基準に議論をするのは危険だと思います。アメリカがビンラディン氏の殺害も「自衛権」として正当化しましたが、「自衛権」というのには違和感がありますよね。そんな言葉はないですが、「対テロ領域侵犯権」と言いたくなるような権利をアメリカは行使しているということですよね。

橋下　そうなると、自国を守る権利は時代とともに変わってくるということですよね。

自衛権という言葉にこだわるかどうかは別として。

木村　「自衛権」にも解釈が必要な場合がある、ということですね。

橋下　憲法に明確な定義がない以上、僕はそう思います。

木村　「自衛権」にも解釈が必要な場合があるかもしれませんが、それほど重要なことは、憲法改正という形で、きちんと国民に問うべきことでしょう。自衛権についての憲法解釈は、すでに70年ほど安定しています。その解釈を変えるのならば、内閣法制局の判断に任せないで、正面から国民の判断にゆだねるべきです。

次に、サイバー攻撃についてです。これはテロリストではなく主権国家がやるという想定なのでしょうか。

橋下　主権国家かテロリストかは重要な問題なのでしょうか？

木村　相手が誰かは、法学的にかなり重要です。たとえば、主権国家が武器を用いて日本を計画的に攻撃してくれば「武力攻撃」を認定して自衛権を行使することになりますが、たとえ大規模な組織だったとしても、国家ではない主体が武器を用いて計画的に攻撃してきたところで、それは巨大な犯罪組織が犯罪をしているに過ぎないので、警察活動の対象です。

ですから、法的に考えるときには、主権国家がサイバー攻撃を行うのか、テロリストが行うのかで性質は分けて考えたほうがいい。もちろん、主権国家がテロリストを大規模に支援している場合などには、主権国家かテロリストかを厳密に分けられないのではないか？　という問題はあります。ただそれは、法的にはどちらかに振り分けて、「主権国家」と認定されれば主権国家に対する対応を、「テロリスト」と認定されればテロリストに対する対応をするしかないので、その論点は、ここでは置いておくことにしたいと思います。

橋下　まず主権国家がサイバー攻撃を仕掛けてきた場合に、武力攻撃に対する反撃権としての自衛権の行使ができるのか、という話があります。サイバー攻撃は武力攻撃なのか、という論点です。それから主権国家ではなくテロリストが仕掛けてきた場合には、サイバー攻撃は武力攻撃なのかという論点に加え、先ほどの「対テロ領域侵犯権」の是非という論点が加わります。

やはりこれまで当然のように定義されていた「主権国家」や「領土・領空・領海」「領域」「武力攻撃」という概念は20世紀までのものであって、これからは21世紀的なものを考えていかなければならないと思います。繰り返しになりますが、憲法に定義が明確化されているのであれば、定義の変更は、憲法改正に拠らざるをえません。しかし憲法に定義が明確化されていないのであれば、そこは状況変化による当てはめの変更、憲法解釈の変更をまず探るべきだと思います。ところが20世紀までの概念を、絶対的な不変のものだと信じ込んでいる憲法学者が多いような気がするのですが。

木村 そういう憲法学者もいるかもしれませんが、国家論に関する限り、前近代国家から近代主権国家への変容のようなことが、20世紀と21世紀の間で起こったと考えるのは無理でしょう。

テロやサイバー攻撃への対応については、「ルール」と「当てはめ」を区別する必要があると思います。

まずテロの場合は、攻撃主体は国家ではありませんから、主権国家と主権国家の武力行使に関する「ルール」が適用されない領域です。従来の考え方では、自国の領域外にいるテロリストが自国を攻撃してくる場合には、外交ルートでテロリストがいる国の政府に取り締まりを依頼するというルールになっています。しかし、相手国政府が非協力的であるなど、このルールでうまくテロリストを取り締まれないのだとすれば、新たなルールを考える必要があります。

先ほど橋下さんが指摘したように、テロを防ぐためにやむを得ない場合には外国の領域を侵犯することが許されるのかについて、あまり議論はありません。自衛隊法76条では「我が国に対する外部からの武力攻撃が発生した事態」を「武力攻撃事態」と定義していますが、これはあくまでも主権国家からの武力攻撃を想定した規定です。「武力攻撃」という言葉は、あくまでもほかの主権国家が組織的・計画的に攻撃したことを意味する言葉だからです。自衛隊がテロリストに対してなんらかの行動ができるとすれば、治安出動ができるかどうかでしょう。治安出動は、非国家的主体の活動により、警察力をもってしては治安を維持することができないと認められる状況になった場合に、それを鎮圧する活動だからです。

橋下　そうですね。治安出動は主権国家からの武力攻撃に反撃するものではありません。

木村　ただ、治安出動は自国の領域内でやる必要があると思います。自国の治安維持のために他国の領域にまで踏み込むことは、主権侵害となるので許されません。他国領域のことは、その領域について主権を持っている国家に対応を委ねるしかない。

橋下　ただ、先ほどから繰り返し触れている「やむを得ない」「必要性がある」の論理なのですが、木村さんは憲法9条の解釈において、「行政権が及ぶ範囲は、日本の領域のなかだが、武力行使をできるのが日本の領域内のみとは必ずしも限らない。日本に対する主権侵害、領域内への攻撃を防ぐために、やむを得ず外国や日本の領域外で武力行使をせざるを得ないことがあるからだ。日本の領域への攻撃がなければ、日本は武力行使できないが、武力行使をする場所が領域内に限られるとまでは言えない」と言われていました。この論理で、相手国内の策源地攻撃まで許されると解釈されています。

策源地とは前線部隊に必要な物資を供給する後方基地のことを言いますが、当然ミサイル発射基地も含まれます。「日本への武力攻撃があり、かつ、日本の領域内での実力行使では攻撃を防げないというケースでは、外国の領域や公海、宇宙空間などにある策源地への攻撃が許される。日本国の領域外であっても、日本への武力攻撃を止めるために必要であれば、武力行使は許されるという理解になる」との憲法9条の解釈を展開されています。

そうであれば、自国の治安維持のために他国の領域にまで踏み込む余地があるのではないか。策源地攻撃の場合には他国の領域に踏み込むことが許され、対テロリスト攻撃の場合にはそれが一切許されないということに合理的な理由があるのか。結局は、「やむを得ない事情」や「必要性」の当てはめの問題であって、それは状況に応じて考えることになると僕は思います。

木村　テロリストの取り締まりは、まずは、テロリストが潜伏している国家が責任を持って行うべきです。もしも潜伏先の国家が、テロリストを適切に取り締まらないだけでなく、テロリストの活動を助長しているということになれば、国家とテロリストが一体の関係にあると判断されることもあるでしょうね。

ただ、少なくとも、アメリカによるアフガニスタン戦争については、個別的自衛権を根拠にあそこまでの武力行使を正当化することはできないという指摘が強いです。やったのがアメリカだからうやむやにされていますが、日本が同じことをすれば、間違いなく国際的に孤立するでしょう。

橋下　では、サイバー攻撃の場合はどうですか？

木村　これは「当てはめ」の問題です。どのような攻撃があれば武力攻撃とみなすのかの、当てはめを再検討する必要があります。たとえば、ミサイルが開発される前は、「ミサイル攻撃が武力攻撃に当たるか」という議論はありませんでした。けれどもミサイル開発以降は、それが武力攻撃・侵略にあたるということで、みんなの当てはめが一致しました。これはルールが変わったというより、武力行使の概念に含まれるものがひとつ増えたことになります。サイバー攻撃も同じように考えることができるでしょう。サイバー攻撃がミサイル攻撃のような武力攻撃と同じだといえるのかどうかを検討しなければならない。

橋下さんがおっしゃるように、新しいルール作りを不断に考える必要があるというのは、私はむしろ当然だと思います。

橋下 ただし、ミサイル攻撃は明らかに武力攻撃であって、これは武力攻撃の概念の変更というよりも兵器の開発によって武力攻撃の方法がひとつ増えただけです。しかしサイバー攻撃は、どう考えても「武力」攻撃とは言えない。ゆえに、武力攻撃にサイバー攻撃を含める概念の変更をするか、ないしは自衛権の発動条件に「サイバー攻撃」というものを加えて自衛権の概念を変更せざるを得ないと思います。こうなるとテロ対策の必要性から「他国の領域での武器の使用等」を自衛権の概念のなかに組み込んでいくか。さらに、瞬時に国家を壊滅させることのできる兵器への対抗の必要性から「先制攻撃」を自衛権のなかに組み込んでいくかについても、これらは、状況の変化を当てはめて自衛権の概念に変更が生じた当てはめの変更なのか、それとも憲法9条のルール自体が変更されたのか、厳密に区分けすることにはあまり意味がないように感じます。いずれにせよ、状況の変化に応じて、憲法9条の解釈は変わり得るというところが重要です。

ところが、国家権力を制限することが立憲だ！　と言い張る人たちは、自衛権を拡大していく話はすべて非立憲だとレッテルを貼って聞く耳を持ちません。特に憲法学者にその傾向が強いように感じていたのですが、憲法学者の木村さんが「新しいルール作りを不断に考えることは当然だ」というのは結構衝撃だと思うんですけど（笑）。

木村　そんなにレッテル貼りしている人ばかりですかね。一つひとつ話していけば、合意点は見つけられると思うのですが。「状況の変化」とひと口にいっても、当てはめで対応できるレベル、憲法改正が必要なレベルといろいろあるので、解釈変更で対応できるレベル、きちんと分析的に議論していく必要があるのではないでしょうか。何もかもごちゃごちゃにして議論するのでは、武力行使に対して慎重な考えを持つ人々の不信感を煽るだけです。まずは政策的にやりたいことを明確に示して、その是非を問う。そして、それが憲法の枠組みのなかで許されるかを検討する。もし憲法で許されないならば、憲法を改正してでもそれを実現したいかを国民に問う。それだけのことです。

政策論と憲法論の区別さえできていれば、特に難しいことではないと思います。

72年見解は「遺産」なのか？

橋下　安保法制論議のときには、72年見解が非常に重視されましたよね。でも40年も前の憲法解釈をそのまま今も金科玉条のごとく振りかざして、日本国民・日本の国家を守ることができるのか。そもそも内閣法制局の見解は、国家の安全保障政策を決める際の、法的意見のひとつに過ぎないのですが、その問題は横に置きます。

憲法9条の解釈は、国際情勢の変化、社会状況の変化で変わり得るということを前提にするなら、72年見解も当時の国際情勢や社会状況を基に組立てられた憲法解釈だと思います。にもかかわらず、当時から国際情勢も社会状況も大きく変わった現在において、72年見解の結論部分だけを持ち出して、安倍さんが打ち出した安保法制は違憲だ！ という一点張りの批判を繰り返す野党国会議員や憲法学者、インテリが非常に多かったのが残念です。日本の憲法解釈論議はまだまだ成熟していないな、と感じました。安保法制は集団的自衛権であり、72年見解は集団的自衛権を認めていないので、安保法制は違憲という単調な薄いロジックばかりが叫ばれました。

ですから安保法制を支える社会事実の合理性についての検証も深く行われていませんし、もちろん72年見解が基にしていた国際情勢や社会事実の変化についてもきちんとした検証が行われていません。

本来であれば、72年見解が基にしていた国際情勢や社会事実の変化によって、現在において見解が修正されるかどうかを徹底して議論すべきでした。さらに安倍さんが安保法制の前提としている社会事実すなわち立法事実の検証も必要です。安倍さんは、当初、日本人を乗せている米艦を防護する必要があるとか、ホルムズ海峡で日本船を守る必要があるという立法事実を述べていましたが、その合理性は見当たりません。立法事実が明確でなかったので、安保法制の条文は、結局何を実現したいものなのかが不明なものとなってしまいました。日米同盟を強化する必要がある、アメリカ軍とのチームワークを強化する必要があるという立法事実であれば、安保法制の条文は、今のようなものにならず、もっと違った合理的なものになったはずです。議論の混乱は、安倍さんにも責任があります。

木村　個別の憲法学者をみていけばもっと多様な議論をしていましたが、あのときは「安保法制は違憲だ」という結論ばかりが取りざたされる傾向が強かったのは確かですね。政権の側で立法事実を明示していれば、もう少し違ったコミュニケーションになったかもしれません。

橋下　それに72年見解は、米ソ冷戦が終結するなんて想像もしていなかったでしょう。ましてやソ連が崩壊することも。その後、アメリカが世界の警察から降りる意思を示し同盟国に応分の負担を求めることも、中国が経済的にも軍事的にも台頭しアメリカと世界の覇権、特に太平洋の覇権を争うことも、そして世界各国の力が増強し逆に世界の秩序が不安定化することも、さらに北朝鮮という国が日本を射程に収めるミサイルを実戦配備し、そのまま核兵器の開発を進めることも、72年見解は考えてはいなかったと思います。

木村 もう一度整理したいのですが、72年見解は「当てはめ」ではなくて「ルール」を示したものです。72年見解でテロリスト問題について考えていないのは、相手が主権国家ではないからです。テロ対策が国際的な関心事になっている以上、テロリストの問題について新たなルールが追加されることはありえますが、それは、国家間の武力行使について判断を示した72年見解とは別問題です。基本的に、国家間の武力行使について72年見解が示したあのラインは動かないと私は思います。「サイバー攻撃は武力攻撃の一種なので、72年見解のルールを前提として対処できる」という「新規の当てはめ」や「当てはめの変更」がなされることはあり得ます。でもサイバー攻撃が生まれたから、日本に武力攻撃がなくても他国を攻撃できると「ルール」を変えることはできません。それは違憲な解釈になってしまいますから。

橋下 ただ、木村さんは72年見解がテロリストの問題を考えていなかったことを理由に、それについては新たなルールが追加される可能性を認めておられる。それなら72年見解が考えていなかった、国際情勢の変化によって、見解が修正される可能性もあると僕は考えます。72年見解については、そのほかいろいろと言いたいことがあるんだけど（笑）。

まず法理論の追求としては、「必要最小限度」という概念についてです。72年見解は必要な自衛の措置を認めながら、そこから急にその範囲を必要最小限度に絞り込んでいる。「必要」と「必要最小限度」はまったく異なる概念だけど、72年見解はわずか数行の言葉によって、国家の最も重要な権限である自衛権の概念を絞り込んでしまった。今の日本の安全保障政策の大混乱の原因のひとつは、この「必要最小限度」という概念にあると思います。「必要」なことができるというのであれば、自衛権としてかなり柔軟に色々なことができる。しかし「必要最小限度」となるとできることが相当絞られる。この違いは大きいですよ。

「必要」な自衛の措置だったら、国際法上も認められている集団的自衛権も含まれる余地があります。ところが「必要最小限度」という絞り込みが入ったものだから、集団的自衛権は排除されてしまった。

木村 いえ、個別的自衛権も集団的自衛権も、それぞれに「必要最小限度」じゃなければいけないルールがあります。

橋下 国際法上の自衛権は、必要性と均衡性という条件であって、「必要最小限度」とまでは絞り込まれていません。ここまで自衛権の範囲を絞り込んでいるのは日本だけじゃないですか？　なぜ必要な自衛の措置から、必要最小限度まで絞り込まれたのか。これは当時の社会状況が多分に影響していると思います。

1960年あたりではいわゆる日米安保闘争で日本社会は大きく揺れました。そして1970年は日米安保の自動延長を迎える年で、安保闘争の再燃が懸念されていました。当時は与党自民党と野党社会党が激しくぶつかり合っている時期で、日米安保を継続する代わりに、他国の戦争に巻き込まれる集団的自衛権を排除しておく政治的な必要性があったのです。ゆえに政府与党は集団的自衛権を否定する態度をとり続け、72年見解にその旨をまとめました。集団的自衛権を排除するために「必要最小限度」の概念を作り出し、その理由があのたった数行の言葉です。もちろんこのような認識には賛否があります。法理論の追求として純粋に「必要最小限度」の概念を導く考えもあるでしょう。

しかし僕は、72年見解の冒頭部で「必要な自衛の措置」を認めているのであれば、それ以上過剰に国家にとって大切な自衛権を制限する必要性はないと考えますし、もし72年見解当時の国際情勢や社会状況を基に「必要最小限度」という概念になったのであれば、その後の国際情勢や社会状況の変化を踏まえて、もともとの原則である「必要な自衛の措置」に戻る可能性もあるのではないかと考えています。

木村　国際法上の個別的自衛権・集団的自衛権は、「必要性」と「均衡性」を充たす範囲で行使しなければならないとされます。

「必要性」は、目的を達成しうる手段のなかで、もっともマイルドな手段をとっているということです。特定の戦艦だけを無力化すればよい場面で、相手の国の首都を占領したりするのは必要性に欠けます。「均衡性」は、相手にやられた以上のことをやり返してはいけないということです。たとえば、戦闘機を一機攻撃されたのみの段階で、相手の国に核ミサイルを撃ち込むのは均衡性に欠けます。「必要最小限度」とは、日本法において、国際法上の個別的自衛権の行使要件を言い換えたものと理解できるでしょう。

橋下　うーん、ここも対立点やね（笑）。国際法上の自衛権は、必要があって、相手がやってきたことに対してそこそこバランスがとれているならOKと解釈しています。自衛権を発動する以上、国民・国家を守るために勝利しなければならないことが前提です。ですから自分たちの命を懸けての自衛権の行使の場で、自分たちの武力行使と相手の武力行使を秤にかけて厳密にイコールにすることなんてできない。だからそこそこのバランスがとれていればOKというのが現実で、国際法上の自衛権はそのことを十分踏まえています。しかし、「必要最小限度」となれば話は別です。本当にどうしようもないギリギリの状況になってやっと自衛権を発動でき、そして相手の武力行使の程度には関係なく、一方的に自分たちのほうからやれることを最小限度のものに制約するというイメージです。そこにはいざ自衛権を発動するなら、国民・国家を守るために、必ず勝利するという意図は感じられません。とにかく自衛権を制約するという視点のみ。日本の憲法が自衛権は必要最小限度のものだとしているなら、それは国際法上の必要性・均衡性の自衛権とは異なるもの、すなわち日本の自衛権と国際法上の自衛権は異なるものだと思います。木村さんは国際法の「必要性」と「均衡性」の要件を合わせて、日本では「必要最小限度」と呼んでいると言われ（P157）、国際法上の自衛権と日本の自衛権は同じだと言われます。しかし国際法上の自衛権には集団的自衛権も含まれています。他国を守ることでいざというときに自国も守ってもらえるからです。そうであれば、集団的自衛権を認めていない日本の自衛権とは明らかに異なります。

木村　それは、政府の説明とは違うと思います。

「必要な自衛のための措置」は、1959年の砂川事件最高裁判決が使った表現で、「自国の平和と安全を維持しその存立を全うするために必要な自衛のための措置をとりうることは、国家固有の権能の行使として当然のことといわなければならない」としました。72年見解では、この最高裁判決をなぞるように、「自国の平和と安全を維持しその存立を全うするために必要な自衛の措置をとることを禁じているとはとうてい解されない」との立場が示されています。

ここで、自衛の措置の目的である「自国の……存立を全うする」とは何かを考えてみましょう。日本は主権国家ですから、その存立が全うできなくなる場合とは、主権が攻撃された場合です。となると、「必要な自衛の措置」とは、「日本の主権が攻撃された時の措置」、つまり個別的自衛権ということになります。

メディアで発言している人を見ていると、集団的自衛権と個別的自衛権との区別がついていない人がかなりいて驚くのですが、同じ「自衛権」という言葉を使っていても、このふたつの目的は異なります。集団的自衛権は、他国が攻撃を受けているときに、他国の要請を受けて、その国の防衛に協力する権利。個別的自衛権は、自国が攻撃を受けているときに、自国を防衛する権利です。個別的自衛権が行使できず集団的自衛権が行使される場合というのは、自国の主権が脅かされていないということを意味しますから、集団的自衛権は「自国の存立を全うするために必要な自衛の措置」という定義に当たらないと考えているのです。

橋下　こうなってくると繰り返しのトートロジー（循環論）になってくるけど、まず

「自国の……存立を全うするために必要な自衛の措置」というのは、それこそ、そのときの状況によってかなり変わってくるんじゃないかな。

サイバー攻撃もあるし、ミサイルも進化し、対テロの視点も必要になってきた。アメリカ一強の時代が終わり、同盟国が応分の負担を求められ、同盟国は自国の安全を守るためにアメリカとの信頼関係を今まで以上に強化する必要が出てきた。国際的な政治・軍事パワーが多極化してきたからこそ、国際協調主義による平和維持がかつてないほどに求められるようになってきた。

72年見解当時から考えても、国際情勢や社会状況の変化に合わせて、「自国の……存立を全うう」するための必要な措置の中身は相当変化してくるものだと思います。それを、日本は主権国家なので、必要な自衛の措置は個別的自衛権である、と木村さんのように片付けてしまっていいのか。ここは政治家を経験した者として大いに疑問です。

砂川判決を見ても「自国の……存立を全うするために必要な自衛のための措置をとりうることは、国家固有の権能の行使として当然のことといわなければならない。……そしてそれは……わが国の平和と安全を維持するための安全保障であれば、その目的を達するにふさわしい方式又は手段である限り、国際情勢の実情に即応して適当と認められるものを選ぶことができることはもとよりであって」としています。自国の存立を全うする目的を達成するのにふさわしい手段を、国際情勢の実情に即して選択できる。これが憲法判断の最終決定権者である最高裁が今のところ考えている自衛権であって、内閣法制局の72年見解とはずいぶん異なるな、というのが僕の認識です。木村さんは、法理論の追求のところに重心がいき過ぎて、国際情勢の実情に即して日本が採りうる自衛権の中身についての検討が弱い感じがします。もちろん、僕は国際情勢の実情のところに重きを置きすぎているかもしれません。だからこそ共同での模索作業が必要ですね。

木村　「自国の存立を全うする」ために必要な武力行使を正当化するのが個別的自衛権、「他国の防衛に協力する」ために必要な武力行使を正当化するのが集団的自衛権です。技術がいかに発達しようと、その目的によって振り分けて対策を考えるだけのことで、ルールは変わりません。

何度お話を伺っていても、橋下さんは政策的判断と憲法解釈をごちゃまぜにしているように思います。現状について危機感をお持ちなのはわかりますが、政策的判断と憲法解釈は分けて考えなければなりません。従来の憲法の条文とその解釈の枠組みで、自分たちの目指す政策が許されないのであれば、国民に直接に憲法改正の是非を問うべき、というだけのことです。

橋下　話題を変えます。法理論の追求でいくと、今回成立した安保法制はかなりの矛盾点を含んでいます。「存立危機事態」という自国の存立が具体的に脅かされる危機的な状況にあっても、他国からの援助要請がないと自衛権は発動できないことになっています。法律上は他国からの援助要請は要件になっていませんが、政府は国会答弁でそのように答えています。日本の国の存立危機事態なのに、他国からの援助要請がないと動けないっていうのはどう考えても変です。

木村　そうですね。自国の存立が危ういなら、他国の要請を待っている場合じゃないわけで、安保法制の内容はかなりおかしいのですが、与党はまったく聞く耳を持ちませんでした。

橋下　これは安倍さんが、立法事実や憲法事実を無視して、とにかく「集団的自衛権」という抽象的な法的概念にこだわった結果です。集団的自衛権とは法理論上、他国からの援助要請があって発動できるものです。他国を守るためのものなので当然です。しかし日本の自衛権は木村さんが言われるように、日本を守るための個別的自衛権に限定されてきた。ゆえに、集団的自衛権であることを示すために他国からの援助要請が必要な体をとりながら、存立危機事態という概念を作って実質は自国の存立に危機的な事態を排除する個別的自衛権のようなものになってしまった。存立危機事態のときにはこれまでの個別的自衛権が発動できます。

ただしこのような抽象論ではなく、安保法制の法律の具体的な条文を見ると、日本の安全保障にとって非常に有益なものが多いです。端的に言って、日米同盟の強化、自衛隊と米軍のチームワークの強化になります。実際に、これまではできなかった日米共同訓練などが、安保法制によって実施されるようになりました。すなわち、集団的自衛権という抽象的な概念にこだわらなくても、日米同盟の強化、自衛隊と米軍のチームワークの強化というものを立法事実や憲法事実に据えて、安保法制を作ったり、憲法解釈の変更をやったりすれば、必要にして十分だったと思います。

僕も作成に携わった日本維新の会の案では「武力攻撃危機事態」と名付け、「条約に基づき日本周辺地域で日本防衛のために活動している外国軍隊に対する武力攻撃が発生し、日本に対する外部からの武力攻撃が発生する明白な危険があると認められる事態」と書きました。

ここは政治の世界ですから、自分の考えをそのまま法律案にできるわけではありません。集団的自衛権絶対反対派が日本維新の会のなかにもいましたし、当時、絶対反対派で固まっていた結いの党との合併を見据え、激しい調整をやっていました。そして出来上がったのがこの維新案です。僕はタイトルからして気に食わなかった（笑）。だって日米同盟の強化、自衛隊と米軍のチームワークの強化が立法事実なのですから、タイトルは「外国軍隊防護事態」と名付けるべきです。しかし僕は国会議員でもないし、大阪から集団的自衛権絶対反対派の声が強い東京の国会議員団をマネジメントせざるを得ず、最後は個別的自衛権であるかのようなタイトルになってしまいました（笑）。

木村　私は、維新の会から声がかかって、衆議院の安保特別委員会中央公聴会で公聴人として話しましたが、維新案の「武力攻撃危機事態」は、日本への武力攻撃の着手がない段階での武力行使を認めたのだとすれば違憲ですが、外国軍隊への攻撃が日本への武力攻撃の着手になる事態と解釈するのであれば合憲です。

維新案の文言を読む限りは後者の筋が自然で、個別的自衛権の範疇を出ないと思います。政府の説明を分析すると本気でホルムズ海峡まで行く気はないようですから、維新案を採用すれば、政府がやろうとしていた日本周辺における日米共同のオペレーションは全部説明できたはずではないでしょうか。

橋下　そうなんですよ。僕は自衛隊と米軍のチームワークの強化を立法事実として、それが実現できる範囲での法案としたつもりです。僕自身は、憲法改正をしてでも、いわゆる集団的自衛権はフルに行使すべきだという考えですが、今の国際情勢下で、日本にとって必要なことは、自衛隊と米軍のチームワークの強化だという現実的な判断をして、それに沿った法案にしたつもりです。維新案であれば、安倍首相がやりたい自衛隊と米軍の共同のオペレーションはすべてできるし、逆に散々批判を受けたホルムズ海峡や南シナ海での不要な自衛権の発動は排除できる。よって政府の一存で何でもかんでもできるじゃないか！　という批判をかわせるんです。よく練られた法案でしょ？

それと木村さんの維新案についての憲法評価なんですが、ここも僕の考えとはちょっと違います。外国軍隊への攻撃が日本への武力攻撃の着手とみなされれば合憲、そうでなければ違憲というのは、これまでの自衛権の定義を前提としていると思います。維新案では「日本に対する外部からの武力攻撃が発生する明白な危険があると認められる」という要件が入りましたが、当初僕はこれを要らないと考えていました。この要件がなくても、国際情勢の変化から、72年見解で示された必要最小限度の自衛権に含まれると解釈できるだろうし、そうでなくても72年見解は法律的意見のひとつなのだから、それを参考に、僕自身の憲法9条の解釈から合憲だと判断しました。砂川判決で言うところの国際情勢の実情に即した方式・手段の選択です。しかし、党内での議論の結果、このような要件が入りましたが、ギリギリのところで「日本に対する外部からの武力攻撃が発生する明白な危機があると認められる」というように、日本への武力攻撃の着手よりも前の段階で、すなわちいわゆる個別的自衛権の発動条件よりも前の段階で自衛権の発動ができるようにしたつもりです。これはこれまでの個別的自衛権そのものではないよ、という意思を示したつもりです。このような僕の立法者意思からすると、木村さんの評価では違憲となりますね。

木村 維新案は、「危険が切迫」とか「危険が迫る」という文言ではなく、「危険がある」と断言する文言になっています。これは、明白に危険が発生したことを要件としていると解釈すべきで、武力攻撃切迫事態よりもさらに進んだ段階、つまり武力攻撃への着手のある事態を言うと読むのが自然でしょう。ところで、維新案に、自民党は乗りませんでしたよね。

橋下 はい。ここは僕や維新の政治力のなさやね(笑)。実際は、維新案が出来上がって自民党のある最高幹部に話したときには、すでに自民党と公明党で繰り返し協議を行って調整を完了し、現在の自公安保法制案がまとまっていました。さすがに、維新の修正申し入れに応じられるわけがない。自民党の代表も公明党の代表も、それぞれ党内からの猛反発をおさえながら苦労してまとめた案なんだから。ここが理想を追求できる学者の立場と、様々な意見をまとめて現実的な妥協を求められる政治家の違いかな。でも、その自民党の最高幹部は「維新案の方が合理性があるし、批判をかわすこともできる。でも、もうまとまっちゃったんだよね」と言っていました。

木村　細かい話になりますが、自衛隊法76条の存立危機事態の条文は、あくまで自衛隊の「出動」についての条文なんです。自衛隊の武力行使については88条で規律されていて、その88条2項には国際法違反の武力行使はやってはいけないと書かれています。つまり存立危機事態で出動した自衛隊が、集団的自衛権しか使えない状況で外国からの要請もないのに武力行使をしたら、国際法違反にもなるし、自衛隊法88条違反にもなるんです。

橋下　さすが、法理論追求のプロ！　ちょっと視点を変えるけど、他国への武力攻撃が発生した場合でも、自国防衛のために必要なら、個別的自衛権として武力行使できる場合はないかな？

木村　個別的自衛権は、自国への武力攻撃の発生が要件になっているので無理ですね。

橋下　うーん、結局、木村さんはこれまでの概念を前提とするし、僕は概念の変更を模索するという違いになるね。カロライン号事件は、個別的自衛権にあたるようなものでも自国への武力攻撃を要件としていないし、集団的自衛権を認めたとされる国際司法裁判所のニカラグア事件判決は、逆に他国への武力攻撃を要件にしていません。武力攻撃の被害者から援助要請があれば集団的自衛権を発動できるとしていますが、武力攻撃を受けたことと、被害者であることは厳密に異なります。国際法上の個別的自衛権も、武力攻撃の発生は要件とされているけど、それは自国への武力攻撃という外形的な要件が必要なんだろうか。

現代の状況を考えると、むしろ古いカロライン号事件の自衛権の定義に戻ることのほうが、国民や国家を守ることに資するのかなと考えています。サイバー攻撃や武力攻撃が発生し、必要性があれば、均衡性の範囲で自衛権を発動できる。そこには自国が外形的に武力攻撃を受けたかどうかはあまり関係ない。自国を守るものなら個別的自衛権、他国を守るものなら集団的自衛権という分類で必要にして十分なのかなと感じています。まあここは法理論を追求する木村さんからは大反対を受けるだろうけど、僕はこれまでの法理論の追求と同時に、現実的なやむを得ない事情や必要性から、概念の変更を模索していくことを考えています。

この視点で見ると、72年見解もあくまでも憲法解釈のひとつですよね。この考え方が唯一絶対のものではないと思います。たとえば、安保法制懇（安全保障の法的基盤の再構築に関する懇談会）は、国連決議に基づく集団安全保障やＰＫＯ活動は、憲法

9条の話とはまったく別ものであって、憲法9条で禁じられるものではないという見解ですよね。

木村　まず、国際司法裁判所の判決以前に、他国への武力攻撃の発生は、国連憲章51条に明文で規定された集団的自衛権行使の要件です。ニカラグア事件判決でも、それは当然の前提とされています。「ニカラグア事件判決は、被害国への武力攻撃の発生がなくても集団的自衛権を行使できるとした判決だ」と理解しているのであれば誤っています。

また、カロライン号事件で主張された自衛権は、先ほど述べたように、「テロリスト対応のための一時的な領域侵入権」といった概念です。主権国家による侵略への対応を考える際に、カロライン号事件の古典的自衛権概念に戻っても、得るものは多くないでしょう。

次に、安保法制懇は、いわゆる芦田修正説に依っています。9条2項の「前項の目的を達するため」という文言をめぐっては、大きく分けてふたつの見解があります。禁止される「戦力」とは、侵略行為に使われるものだけを禁じているとする見解と、侵略行為の危険をより低くするように武力行使一般を禁じているとする見解です。侵略だけを禁じていると主張するのがいわゆる「芦田修正説」です。

1946年、政府が国会に提出した憲法改正案が、衆院憲法改正特別委員会のもとに設置された小委員会で修正されました。委員長の芦田均が9条2項の冒頭に「前項の目的を達するため」という文言を挿入したのです。これを根拠に、9条2項に「前項の目的を達するため」とあるから、侵略が禁止されているだけで、侵略さえしなければ軍隊を持つことが禁じられているわけではないと理解するのが、芦田修正説です。

橋下　安保法制懇はもっと革命的な見解じゃなかった？　集団安全保障やPKOはそもそも主権の行使ではないので、憲法9条の議論すら必要ない、というような。

木村　芦田修正説は、国際法上許される武力行使は禁じていないという説なので、安保法制懇はほぼ芦田修正説です。実際に、安倍首相は安保法制懇の報告書を受け取った2014年5月15日の記者会見で、「この考え方、いわゆる芦田修正論は政府として採用できません」とおっしゃっているんですね。だから、安倍首相は安保法制懇が出した説は芦田修正説だと理解しているということだと思います。私も同じ理解をしていますね。

安倍政権を含めた日本政府の見解は、芦田修正説ではない。となると、9条2項は武力行使一般を禁止している、との説に依拠していることになる。だからこそ、9条2項の例外として武力行使を法的に基礎付けるために、13条の「生命、自由及び幸福追求に対する国民の権利」を持ってきているわけです。

橋下　芦田修正説に関してもいろいろな見解がありますよね。芦田さんは、もともと「侵略じゃない武力行使は認められる」なんてことは意図していなかったんじゃないか、とか。すなわち、ひょんなことから「前項の目的を達するため」という文言が挿入され、それがよく見ると侵略じゃない武力行使が認められているようにも読め、芦田さんや周辺の人がこれ幸いに芦田修正説と強く主張するようになったという話もあるようですね。

芦田修正案の当初のものは、今の９条１項と２項が逆になっていて、「１項　日本国民は、正義と秩序とを基調とする国際平和を誠実に希求し、陸海空軍その他の戦力を保持せず。国の交戦権を否認することを声明す。」「２項　前掲の目的を達するため、国権の発動たる戦争と、武力による威嚇又は武力の行使は、国際紛争を解決する手段としては、永久にこれを抛棄する。」となっていたようです。そうすると「前項の目的を達するため」と入れても、戦力の保持を一切認めないことに変わりありません。その後の議論を経て、結局今の１項、２項の形になり、それを読むと「前項の目的を達するため」という挿入が、自衛権を認めるのに活きてくる解釈が判明した。そして芦田さんはこれを芦田修正説と強く主張するようになったという話です。

木村　9条が生まれた歴史的経緯には、「天皇を元首とする」「戦争を放棄する」「封建制度を廃止する」というマッカーサー3原則が影響を与えています。マッカーサー3原則では、「自己の安全を保持するための」手段としての戦争をも放棄することが明記されていた。しかし、GHQが憲法改正草案を作る際に、GHQ内部でも「さすがに自国防衛のための武力行使まで禁止するのはやりすぎだ」ということで、自衛のための措置はとれると読める文言になりました。

橋下　そうそう。だから9条は最初から、侵略ではない武力行使、すなわち一般的な自国防衛のための自衛権を認めているので、わざわざ芦田修正説なるものを持ち出して、自衛権を導き出す必要はないとも考えられます。つまり憲法9条は自衛権を当然認めているという見解。

他方、2項で「前項の目的を達するため」という文言が入ったとしても、それは1項全体を実現するためと解すると、結局2項は、武力行使一般を禁止しているという解釈になり、芦田修正説なるものは認められない。

さらに芦田修正説を離れても、憲法前文が「われらは、いづれの国家も、自国のことのみに専念して他国を無視してはならないのであつて」と定めていることや、憲法98条2項が「日本国が締結した条約及び確立された国際法規は、これを誠実に遵守することを必要とする」と定めていることから、憲法9条があったとしても、国連憲章に定められている安保理決議による軍事措置や集団的自衛権による武力行使は当然認められている、むしろ適切に行使する義務を負っているとする見解もあります。僕はこの見解が一番しっくりくるんだけど。

そもそも実質99条しかない日本国憲法の各条文は非常に抽象的な書かれ方をしているので、その分解釈の余地も大きいわけです。ましてや日本の安全保障の要となっているのは憲法9条というたった一条。もちろん法理論の追求によってその意味を徹底的に明らかにする必要はありますが、しかしいろいろな考え方があることも前提としなければならない。というわけで、憲法9条の解釈は、山ほどある解釈のなかから、どれを採用するのが相応しいのかという話であって、72年見解が絶対的な正解というわけではないですよね。

木村　橋下さんが72年見解に持っている違和感はよくわかりました。ただ私は憲法研究者として、最高裁判所という有権解釈者が示した判断と、それを前提に形成された政府解釈をもとに、日本の安全保障をめぐる法体系を説明しているだけです。もちろん、私個人としては、安全保障政策をこう進めるべきではないかと考えていることもありますが、それは憲法解釈論とは別次元の話です。

最高裁判所と政府解釈によって示された憲法解釈論について、憲法学者をいくら批判したところで、憲法学者としては解釈を変更しようがありません。長年維持されてきた憲法解釈に基づき、政府が実現しようとする政策は憲法違反であるとの学問的見解を憲法学者が示したからといって、憲法学者を目の敵にするかのような発言には違和感があります。

72年見解が間違っているのではないかという橋下さんの主張は、裁判所という有権解釈者や政府に対し、より合理的な解釈はこうなのではないかと提案するアクションですね。

橋下 ええ。これは一私人の僕なんかよりも、内閣総理大臣の安倍さんこそが、内閣の憲法判断を最高裁に提案すべき立場です。内閣は内閣法制局の見解を絶対的なものとしてはいけません。それを一意見として参考にしながら、憲法学者や安全保障の専門家と議論したうえで、国民・国家を守ることと憲法を守ることのバランスをとった憲法判断を、国民や最高裁に対して提案していくべきです。そして最後は最高裁がその合憲性を判断するというのが今の憲法の仕組みであり、これこそが立憲だと思います。

（２０１８年４月12日）

第5章
9条との対話❷
――「軍」なのか「行政」か

この章で話題になる憲法や法律

〈日本国憲法　第9条〉

日本国民は、正義と秩序を基調とする国際平和を誠実に希求し、国権の発動たる戦争と、武力による威嚇又は武力の行使は、国際紛争を解決する手段としては、永久にこれを放棄する。

2　前項の目的を達するため、陸海空軍その他の戦力は、これを保持しない。国の交戦権は、これを認めない。

〈日本国憲法　第13条〉

すべて国民は、個人として尊重される。生命、自由及び幸福追求に対する国民の権利については、公共の福祉に反しない限り、立法その他の国政の上で、最大の尊重を必要とする。

〈PKO５原則〉

1　紛争当事者の間で停戦合意が成立していること。

2　国連平和維持隊が活動する地域の属する国及び紛争当事者が当該国連平和維持隊の活動及び当該平和維持隊への我が国の参加に同意していること。

3　当該国連平和維持隊が特定の紛争当事者に偏ることなく、中立的立場を厳守すること。

4　上記の原則のいずれかが満たされない状況が生じた場合には、我が国から参加した部隊は撤収することができること。

5　武器の使用は、要員の生命等の防護のための必要最小限のものを基本。受入れ同意が安定的に維持されていることが確認されている場合、いわゆる安全確保業務及びいわゆる駆け付け警護の実施に当たり、自己保存型及び武器等防護を超える武器使用が可能。

監督する。

〈日本国憲法　第72条〉

内閣総理大臣は、内閣を代表して議案を国会に提出し、一般国務及び外交関係について国会に報告し、並びに行政各部を指揮監督する。

〈自民党日本国憲法改正草案　第9条〉

日本国民は、正義と秩序を基調とする国際平和を誠実に希求し、国権の発動としての戦争を放棄し、武力による威嚇及び武力の行使は、国際紛争を解決する手段としては用いない。

2　前項の規定は、自衛権の発動を妨げるものではない。

第9条の2（新設）

我が国の平和と独立並びに国及び国民の安全を確保するため、内閣総理大臣を最高指揮官とする国防軍を保持する。

2　国防軍は、前項の規定による任務を遂行する際は、法律の定めるところにより、国会の承認その他の統制に服する。

3　国防軍は、第1項に規定する任務を遂行するための活動のほか、法律の定めるところにより、国際社会の平和と安全を確保するために国際的に協調して行われる活動及び公の秩序を維持し、又は国民の生命若しくは自由を守るための活動を行うことができる。

4　前2項に定めるもののほか、国防軍の組織、統制及び機密の保持に関する事項は、法律で定める。

5　国防軍に属する軍人その他の公務員がその職務の実施に伴う罪又は国防軍の機密に関する罪を犯した場合の裁判を行うため、法律の定めるところにより、国防軍に審判所を置く。この場合においては、被告人が裁判所へ上訴する権利は、保障されなければならない。

〈自民党の改憲案（2018年3月）〉

第9条の2　前条の規定は、我が国の平和と独立を守り、国及び国民の安全を保つために必要な自衛の措置をとることを妨げず、そのための実力組織として、法律の定めるところにより、内閣の首長たる内閣総理大臣を最高の指揮監督者とする自衛隊を保持する。

2 自衛隊の行動は、法律の定めるところにより、国会の承認その他の統制に服する。

日本には軍の規則がない？

橋下 今の国際情勢をみると、やはり日本も国連軍やＰＫＯへ参加することは必要だと感じます。そこで憲法はそれを許容するのか、許容するのであればどのような条件が必要なのか。

木村 日本の憲法には、国連軍参加の手続きが書かれていません。少なくとも私が知る範囲では、軍隊を持つ国の憲法には軍事権の所在が書かれています。たとえば、ドイツのボン基本法には、軍を動かす手続きが書いてありますし、フランスでは、軍の最高責任者は大統領であると明記されています。

橋下 国連軍に参加するためには、憲法にその参加手続きを定める条文が必要だということですね。

木村　はい。立法や行政とは別の「軍事」という権限になるので、立法権を国会に付与する条文があるように、軍事に関する権限を政府に付与する文言が憲法に必要です。国連軍への参加は、部隊の指揮権を国連に委ねるわけですから、行政権とも、軍事権とも違う権限と考えなくてはいけない可能性もあります。

橋下　では今の軍とは言えない自衛隊を、国連軍ではなくＰＫＯに参加させるのはどうでしょうか？

木村　ＰＫＯ活動のうち、国家間の対立である戦闘行為の危険がない場合には、派遣先の国の要請に基づく外交協力として、その国の行政活動である治安維持に協力するため、自衛隊が派遣されることもあります。しかし、日本が攻撃を受けていない段階で、他国の防衛のために武力行使に参加するのは、「軍事活動」になります。標準的な憲法学説は、これは行政権の範囲を超えると説明しますね。

橋下　今の日本政府は国連軍に参加するなど軍事に関する憲法上の権限や手続き規定を持っていないから参加はできない、という理屈はなるほどなと思いました。憲法９条の解釈から参加できないというよりも、政府は憲法上権限を与えられていないし、憲法上の手続き規定が存在しないから参加できないという理由です。でも国の統治権から立法権と司法権を除いたすべてを行政権とする「行政権控除説」というものがありますよね。そうなると政府はわざわざ憲法によって軍事権を与えられなくても、すでに憲法によって与えられている行政権のなかに軍事権が含まれていると考えることはできませんか？　すなわち軍事権も行政権の一種である、と。

木村　そういう疑問を持たれる方は、結構いらっしゃいます。行政権控除説については、なかなか正確に理解されていないんです。

行政権控除説は、行政を「国家が国民を支配する作用から立法・司法を控除したもの」と定義する考え方ですが、厳密でない教科書は、「全国家作用から立法・司法を控除したもの」という言葉遣いをしてしまっているのです。これがどう厳密でないかというと、もしも文字通りに「全国家作用」だとすると、たとえば、参議院の解散や最高裁の解体ですら、「立法でも司法でもないから、行政権として内閣の権限だ」という結論が導かれてしまいます。これはあまりに不合理です。ですから、控除説が前提としている国家作用は、あくまで「国家が国民を支配する作用」と理解しなければなりません。

「国家が国民を支配する作用」には、衆議院の解散や、外国と関係を結ぶ作用、軍事的に支配する作用などは含まれません。だからこそ、憲法73条には、「一般行政事務」

を内閣に授権するのとは別に、「外交」の権限を内閣に授権する規定を置いているわけです。

ですから、控除説をとったとしても、行政に軍事作用は含まれない、というのが教科書的な説明です。

橋下 なるほど。法理論の追求の真骨頂ですね。木村さんは、憲法が政府に権限を与えていないこと、手続き規定が存在しないことを理由にあげていますが、多くの憲法学者やインテリたちは、憲法9条を参加できない理由にあげていませんか？

木村 厳密に言うなら、9条だけが理由ではありません。個別的自衛権の行使と違って13条では外国の防衛を援助する権限を基礎付けられないことや、内閣の権限として海外派遣の決定権限が定められていないというのも理由でしょう。

橋下 憲法に政府の軍事に関する権限や参加のための手続き規定が存在しなくても、法律で国連軍への参加などを定めることはできないのですか？

木村 憲法が政府に負託した権限であれば、具体的な権限行使の手続きは法律事項だと思います。ただ、そもそも憲法には、政府に軍を組織し、動かす権限を負託するとは書かれていません。憲法に規定されていない権限を法律で創設するのはダメですよね。

現在の政府解釈の下では、自衛隊はあくまで行政機関です。行政の範囲は基本的には国内だけです。外国に軍隊を派遣して外国の主権を制圧するような活動をするには、行政でも外交でもない「軍事」のカテゴリーを設けるしかありません。他国はそういうカテゴリーを憲法に設けている。でも日本には軍事というカテゴリーがないから軍事活動ができない。もし派遣をするなら、手続き規定や軍事に関する規定を憲法で整えないといけません。

木村 軍事ではなく行政としてPKOに参加はできますよね。

橋下 現行法でのPKOは治安警察活動への協力ですから、9条違反にはならないでしょうね。外交協力、行政協力の範囲であれば。

木村 ただPKO参加部隊に必要な武器を持たせてあげないと危ないですよね……。

橋下 それはそう思います。行政＝治安警察活動であっても危険な場所に派遣をすることに変わりはありませんからね。日本の警察官もそれ相応の装備を持っていますが、業務内容に応じて、必要な装備を検討する必要があると思います。

橋下 僕はPKO協力法のいわゆる「PKO5原則」に無理があると思っているんです。PKOが必要な地域というのはもともと紛争がある地域なんです。紛争があるから、治安が悪いからこそPKOが求められる。それを紛争があると憲法9条に抵触しかねないから自衛隊を派遣できないというのはおかしいと思うんです。

木村　現行法での難民キャンプの護衛は、国家的主体による攻撃は想定しておらず、あくまで治安警察活動の援助になりますから、9条とは関係ない話になりますね。

橋下　僕は、強力な武器を持っている実力組織は、行政部門のひとつに位置付けることのほうが安心だと思っています。ゆえに自衛隊は行政部門に位置付けるべきです。軍として特別扱いせずに、あくまでも行政部門のひとつ。もちろん自衛隊員が、日常生活においても特別扱いされず、普通の国民として生活することが第一です。自衛隊員自身が普通の家庭に育ち、地域の学校で友人関係を築き、家庭を持ってその家族も地域のなかで普通に暮らす。隊員の子どもたちも、地域の学校で友人関係を築く。こうなると自衛隊が組織的に暴走して、普段地域で共に暮らしている国民に対して牙を剝く危険は少なくなる。これが一番のシビリアンコントロールだと思っています。実力組織をできる限り特別扱いしない。それが肝要で、憲法上は、自衛隊と行政部門を区別すべきでないと考えます。

これは政治家をやって実感しました。僕は警察や消防などの実力組織を所管しましたが、特に警察も大阪府庁の一般行政部門のなかに組み込まれているので、組織的に大阪府民に牙を剝いて暴走するのではないかという危険を感じたことはまったくありませんでした。自衛隊は国防組織として警察よりもさらに強力な武器を保有する組織だからこそ、なおさら行政部門に位置付けるべきだと思っています。

木村 72条には、内閣総理大臣は行政各部を指揮監督するとありますね。現行憲法で自衛隊のシビリアンコントロールができる理由は、行政の最高の指揮監督権が内閣にあると憲法72条に書いてあるから、ということになっているんです。

どうなる、集団的自衛権

橋下 集団安全保障としての国連軍への参加は、政府にその権限を与える規定や手続き規定が、憲法に存在しないので不可。相手国の行政活動に協力するPKO参加は行政活動として可。そして、個別的自衛権による武力行使が認められていることにはほぼ異論がありませんが、それは今の憲法に自衛権の実体面を定めた9条に加え権限規定や手続きの規定が定められている、ということですね。

木村 そうですね。自国の存立を全うするために必要な武力行使はあくまで行政の範囲だ、行政権についてなら憲法に責任者の規定や行使の手続きも書いてある、ということになるんでしょうね。

橋下　自衛隊が相手国の行政活動に協力するPKO活動のようなものではなく、個別的自衛権の発動によって完全な武力行使をする場合も、それは行政活動だという位置付けなんでしょうか。

木村　政府解釈ではそうなります。憲法73条の一般行政事務になります。そう言っておかないと、自衛隊の最高指揮官が総理大臣だと言えなくなるからです。個別的自衛権を行使するのであれば行政権の範囲と言わざるを得ません。

橋下　武力行使が行政権……。なんか後付けの無理矢理な説明の感じがしますが（笑）。今回の安保法制では、安倍さんは集団的自衛権の概念にこだわった。実際に成立した安保法制における存立危機事態の条文について、僕は純粋な集団的自衛権だとは思えないことは先にも述べましたが、安倍さんは集団的自衛権の一態様だと主張している。では集団的自衛権による武力行使の場合はどういう解釈になるんですか。

木村　安倍政権は、それも行政権に含まれるとしています。しかし、集団的自衛権は、外国に対する攻撃があった際に、その外国を援助するために日本が武力攻撃することになるので、活動場所はその外国や攻撃国の領域、公海などになるでしょうし、一方、日本の領域が攻撃されているわけでもないので、軍の海外派兵になるのではないでしょうか。

そもそも、軍を持つ国で、憲法に軍の責任者や編制権を書かないのは考えられません。明治憲法にも、軍の編制権・統帥権は天皇、ただし、予算は帝国議会の承認が必要、という趣旨の規定がありました。

橋下　しかし、個別的自衛権の行使の場面でも、日本の領域を越えて、自衛隊が武力行使活動をする場面はありますよね。むしろそちらのほうが多い。日本の領域内でしか武力行使活動ができないとなれば、負けちゃいますから。それと何が違うのでしょうか。

木村　自国の領域が攻撃を受けていて、策源地を攻撃しなくてはならない場面では、公海はもちろん、外国領域への自衛隊の出動も行政の範囲に含めることができるというのが、集団的自衛権行使容認前からの政府解釈です。

しかし、日本が攻撃されていない段階で、武力行使のために領域外派遣をすることを、行政権として処理することはできません。ですから、集団的自衛権の行使のための海外派兵の根拠になる規定は、現行憲法にはないと言わざるを得ません。

橋下　うーん、それは個別的自衛権の行使を認めるために、こちらは行政権の範囲、他方、集団的自衛権の行使は否定するために、こちらは行政権の範囲外と説明しているだけのような気が……。そして政府は、安倍さんの集団的自衛権へのこだわりを支えるために、行政権の範囲と説明。なんか行政権の範囲か範囲外かは法理論の追求からの帰結というよりも、結論を説明するための道具になっているような感じです。

では、日本の領域外に自衛隊を出さなくても、相手国から発射されたミサイルに対して、日本の地からミサイルを発射し、日本の領域外で撃ち落とす場合はどうでしょうか？

木村　日本の領空を通過するミサイルを打ち落とすなら、行政＝警察活動といえる場合もあるでしょう。しかし、日本の領域が攻撃されていないのに、こちらから武力行使をするのは、軍事活動でしょう。

橋下　でも、発射実験との予告なく、日本の近隣国から弾道ミサイルや巡航ミサイル等が日本方面に向けて発射された場合、それが領空を通過するかどうかの判断に時間的余裕はありません。ましてや領空内で撃ち落とすよりも、当然領空外で撃ち落とすほうが日本にとって安全です。行政活動か軍事活動かの振り分けは、やっぱり後付けの説明の気がします。僕は、自衛隊と米軍のチームワーク、信頼関係強化のために、チームメイトを守るための一定の武力行使は必要だと考えています。それはどうですか？

木村　チームメイトとはいえ日本自身は攻撃されていないわけですよね。自国が攻撃されていない段階での武力行使が行政権に含まれない以上は、集団的自衛権等を含め、外国に自衛隊や軍隊を派遣する責任や手続きは憲法に規定がないとまずいんです。というよりも、規定がない以上、現行の憲法では、そのような武力行使はできません。やるのであれば、憲法改正をし、責任者が誰か書くというのが自然な解釈だと思います。

橋下 日本の自衛隊が、日本を守るために個別的自衛権を発動して武力行使をすることとは行政権の範囲ですよね。では米軍とチームを組んで日本を守るときに、そのチームメイトである米軍を防護するための武力行使は行政権とは言えないんですかね？なんか言葉遊びのような気がして。行政と軍事の違いは法学的にどこにあるんですか？

木村 その違いについては、オットー・マイヤー（Otto Mayer）やゲオルグ・イェリネック（Georg Jellinek）の議論が参考になります。近代主権国家が前提とするのは領域主権国家で、国家が主権を行使できるのは領域内のみです。先ほど控除説のところでお話ししたように、行政とは、国家が国家主権により国民を支配する作用から立法・司法を控除したものです。行政活動は、自国の主権が及んでいることが前提です。もしも、実力の行使を受けた側から「なぜこちらに武力行使ができるのか」と聞かれた際に、「私の主権の行使だからだ」と説明できるなら、行政の一種といえるでしょう。

たとえば、日本の警察が日本国内で実力行使をする理由は「日本国の領域内において、警察権を持っているから」「日本国の領域内において、日本国は主権を持っているから」と言えます。日本の領域に対する攻撃があった場合に、「やめろ」と他国の軍隊に言えるのも、日本に主権があるからです。

ところが集団的自衛権の場合には、日本の領域に対する武力攻撃がないことが前提となっていますから、日本の主権が攻撃されているわけではありません。つまり、主権の論理ではその武力行使を説明できない。オットー・マイヤーたちは、だから戦争を行政の範囲に含めるのは難しいと議論しています。

おそらく、従来の政府も同じ発想で、日本が攻撃を受けていない場合の武力行使は行政に含まないと言ってきたのでしょう。

橋下　「主権」「行政権」がポイントですね。法律や法概念は常に社会状況に支えられているものだと僕は認識しているので、法理論の追求と同時に、社会状況の変化、時代の変化というものを踏まえながら、概念の変更、修正を模索していかなければならないという立場です。

ゆえにオットー・マイヤーの法理論を踏まえながらも、21世紀における「主権」「行政」という概念を模索していかなければ、現実と法の乖離が抜き差しならぬほどになってしまうのではないかという懸念を持っています。もちろん、現実に法をすべて合わせると法の支配は骨抜きになります。しかしだからといって現実を法にすべて合わせるというのも、どうしても無理だという場面もあるでしょう。一般の私法や刑法の分野では、現実を法に合わせることの方が妥当な場面が多いでしょうが、こと安全保障の分野では現実を重視することの方が妥当な場面が多いように感じます。もちろんこれは、僕の感覚的なところで、法理論の追求からの帰結ではありません。

それと法理論を追求しても、現実と照らし合わせてどうしても整合性がとれない部分が出てくると思います。そのときには結構、法理論が都合よく修正されている場合もあるのではないか。こうなると法理論をとことん追求する場合とそれを修正する場合の区別はかなり主観的なものになると思います。法理論というものは、完璧なものではなくそういうものだという認識も必要だと思います。

たとえばオットー・マイヤーの「主権」「行政権」の整理でいけば、行政権に位置付けられている自衛隊が、自国防衛のためとはいえ、なぜ相手国の主権、行政権の所管内で活動できるのかは理論的には説明できません。ここはそうしなければ防衛できず、やむを得ないという理由で正当化されます。また自衛隊が自国防衛のためとはいえ武力行使をすれば、それは普通の感覚では戦争です。どう考えても軍事です。しかし法的な理屈としては、どこまで戦争が激化しても自衛隊の行為は行政活動と整理されることになる。しかし、オットー・マイヤーも、戦争は行政権に含めるのは難しいと言っており、それが普通の感覚です。一定の整理として自衛隊を行政に位置付けたとしても、それは行政に位置付けないと自衛隊というものを法的に説明することができなくなるので便宜的にそうしているところがあって、法理論を１００％追求した帰結というわけではありません。さらに主権対主権のぶつかり合いが自衛権の根拠だという理屈では、特定国に潜んでいるテロに対して何も対応ができなくなりますし、これから益々その脅威が増大するサイバーテロにもお手上げになります。ゆえに現実を踏まえたうえでの理論の修正も必要になってきます。

法を公平・公正に適用するためには、法理論や概念の明確性は重要だと思います。ただし条文に明確・一義的に書かれていない概念や法理論については、その時の社会状況に応じてある程度の解釈による埋め合わせも必要かつ可能であり、むしろそれを模索していかなければならないのではないか、と感じます。特に、国民・国家の生存の帰趨を決める安全保障の分野においては、その要請が強いと感じます。

木村　日本政府にどんな権限を与えるかは、憲法の条文という形で国民が決めることです。集団的自衛権を行使すべきだと考えるならば、憲法を改正して軍事に関する手続きや責任を明記すればいいはずです。

橋下　ここは非常に重要な指摘ですね。そして今回の対談で、僕がもっとも強調したいところです。

これまで日本の安全保障論議の中心は、すべて憲法9条の解釈でした。しかし、憲法9条の解釈と同時に政府への権限付与規定や手続き規定の存在が大きな問題となる。今の安全保障論議ではこの点が全く議論されていません。

憲法9条は実体規定と言われていますが、それに加えて権限・手続き規定が必要である、と。前者はどのような道具を与えるかを定め、後者はその道具の使い方を定めるようなイメージですね。

大きな鯛をきれいなお造りに仕上げることを目標とするとします。

そのための道具としてはノコギリがいいのか、包丁がいいのか、カッターナイフがいいのか。これを定めるのが実体規定。そして与えられた道具を、どのような職人さんがどのように使うのがいいのか。振り回すのがいいのか、見事な捌きがいいのかを定めるのが権限・手続き規定です。このふたつが合わさって、初めてお造りを仕上げることができます。

もし適切な道具として包丁を与えられても、それを振り回すようでは危険です。きちんと見事な捌きで使わなければなりません。だから道具だけでなく、その使い方もきちんと定める必要があります。

憲法9条という実体規定の解釈論は、道具論です。ここで激しい議論がありますが、使える道具についてどのような結論になろうとも、その使い方を定める規定がなければ、道具を使うことはできません。今の憲法は行政権という道具については、行政権の使い方の規定がある。まさに普通の包丁には、それを使う規定がある状態です。

しかしそれが出刃包丁になったり刀剣類になったりした場合にその道具の使い方の規定がないというのが今の憲法の状態というところなんでしょう。出刃包丁や刀剣類を与えられても、それらを使えない。

ところが今の憲法9条論議は、普通の包丁だけでなく、出刃包丁や、ましてや刀剣類まで与えられているのかどうかを一生懸命議論している。道具についてどのような結論が出ようとも、普通の包丁の使い方の規定しかないので、普通の包丁しか使えないのにです。これが今回の対談のもっとも大切なところだと思います。

憲法9条について、いわゆる個別的自衛権以外のものを模索したところで、憲法典にその権限・手続き規定がないから、それを使うことができない、というロジックです。これは今までの一般的な憲法論では議論されてこなかったところです。

もちろんこの法理論の追求にも限界があります。普通の包丁の使い方の規定があるとして、その規定で、出刃包丁や、ノコギリまで扱うことができないのか。やはりここは解釈論になってきます。木村さんの憲法論では、行政権については、行政権の権限・手続き規定があるから、行政権の行使はなんの問題もなくできるというのが前提で、その行政権のなかには個別的自衛権だけを位置付けています。しかしその行政権のなかに、個別的自衛権以外のものでも何か位置付けることができるものはないのか。僕は先ほど、権限・手続き規定の存否は解釈で埋め合わすことはできないと言いましたが、やはり権限・手続き規定の存否についても、最後は行政権の解釈の問題になってきますね。この議論で重要な帰結は、シビリアンコントロールを理由にして、道具の使い方、すなわち権限・手続き規定を定めると、国家権力をコントロールする側面を有しながら、他方で使える道具の範囲、すなわち自衛権の範囲拡大に繋がっていくことです。

今の憲法は、行政権についての権限・手続き規定がある。ゆえに憲法9条論で自衛権についてどのような解釈がなされようとも、権限・手続き規定によって、日本の武力行使については制限をかけ得る。しかし今の行政権についての権限・手続き規定を超えて、自衛隊に新たな権限・手続き規定を置いてしまうと、むしろ憲法9条の改正がなくても9条の解釈いかんによって個別的自衛権を超えた自衛権を発動できる可能性が高まるのではないか。

国民は「シビリアンコントロール」という語を聞いて、軍事力への統制のイメージを抱くでしょう。しかし、それが逆に軍事力を拡大することにつながる。僕は、本来日本の国は軍事力をフルに持つべきだと思っています。しかし、シビリアンコントロールの権限・手続き規定を憲法に置くことによって、軍事力をフルに持つことに繋がることを国民はきちんと認識しているであろうか。ほとんどの国民はそんなことを認識していないだろうし、国会議員もインテリたちも、そんなことを認識せずにシビリアンコントロールを叫んでいる。

今回の木村さんとの討論で、そこに気付かされました。これは、これからの憲法9条論議、そしてその改正論議を大きく変えるほどのインパクトを持っていると思います。

木村　実体法と手続法の両方がないといけないというのはその通りです。ただ、「シビリアンコントロールがなければ、軍事権を行使するのは危険だ」ということであって、「シビリアンコントロールがあれば、必ずフルの軍事権を行使してよい」ということにはなりません。そのあたりは、国民が憲法という形で決めることです。

橋下さんは従来の理論枠組みでは対応できないことがあるとおっしゃいますが、仮に今の憲法に基づくルール通りにやると、あまりに深刻な事態が起きるというケースなら、「これは憲法違反だけれど緊急事態だからやむを得ない」という「違憲を前提とした緊急対応」という枠組みにするべきです。緊急事態になされる、やむにやまれず行うルール違反を「ルール違反ではない」と説明するのは弊害が大きいです。

橋下　そうですね。ルールはルールとしてしっかり確定しておいて、例外的な措置だとしっかり宣言するということですね。ただし、ほかの場面の法理論の追求において、「やむを得ない事情」「必要性」の理由から正当化される場合もあることがどうしても気になるね。自衛隊という行政組織が、行政権としての自衛権を行使する場合に、日本の行政権の管轄以外で活動することも認められる、というものや、自衛隊の自衛権発動による戦争状態はあくまでも行政活動であるというのは、本来の理屈では認められないことを無理矢理認めているんじゃないのかな……。

木村　橋下さんは納得されないようですが、何度も話しているように、そこは理論的には解決済みです。どんなに複雑であったとしても、理論としてはしっかりと成立していますから、理論は変わりようがないんです。社会の変化とは関係ありません。「やむを得ない」とか「必要性」という概念は、違憲なことを正当化しているわけではありません。「違憲な行為はダメだ」という前提に立たないといけません。「緊急事態だから違憲ではない」という強弁を成り立たせると、あれもこれも「仕方なかったから合憲だ」ということになって、立憲主義が崩壊します。もしそれをおやりになるならば、「違憲ではあるけれども緊急事態として正当化する」という論理に立ってください、と私は言いたいです。

実は2014年の閣議決定の直後にNHKの『日曜討論』で小野寺防衛大臣に、「自衛隊の海外派兵を集団的自衛権に基づいて行う場合、権限は憲法73条のどの事務として行うのでしょうか」という質問をしたことがありました。

橋下　それでなんと？

木村　小野寺大臣は、ご自身の言葉では判断を示さず、「それは法制局が答えるべき問題じゃないでしょうか」とおっしゃっていました。結局国会の答弁では、中谷元(げん)大臣が、一般行政事務の範囲だと説明していました。「違憲だけれど、仕方がないから合憲だ」というロジックではなく、あくまでも「集団的自衛権が一般行政事務だ」というロジックです。しかし、そのロジックは、ここまで主権と行政の概念について説明した通り、成り立つとは思えませんが……。

橋下 確かにそのロジックはしんどいところがあるね。さっきも論じたけど、そのほかにも憲法論として無理なロジックを展開している場面があるんじゃないかな。

自民党の改憲案について考える

橋下 ここまで憲法論を掘り下げたうえで、最後に2018年3月の自民党の改憲案について検討したいと思います。僕は反対なのですが、内閣総理大臣が最高指揮権を持つという憲法の規定は必要なのでしょうか。

木村 書く必要はないと思います。行政の範囲でやるならば、現行の憲法72条「内閣総理大臣は……行政各部を指揮監督する」という条文さえあればいいです。

橋下 僕もそう思います。そして、先ほども言いましたが、シビリアンコントロールを理由に、内閣総理大臣が自衛隊のトップに立つという新たな規定が憲法に入ると、これまで行政部門のひとつとされていた自衛隊組織の法的性格に軍的色彩を帯びる変容が生じ、憲法9条の解釈いかんによっては軍事力をフルに行使できる可能性も出てくるのではないかと思っています。

木村　従来の自衛隊は、あくまでも行政権の範囲で活動してきました。行政権の範囲を超えた活動をする組織を作るなら、たとえこれまで通り「自衛隊」という名前を使っていたとしても、組織が変容するのは当然です。

また、２０１２年の自民党改憲草案のように「我が国の平和と独立並びに国及び国民の安全を確保するため、内閣総理大臣を最高指揮官とする国防軍を保持する」と書いてしまうと、行政とは性質の違う権限を首相だけに与えることになります。行政の範囲にとどまっていた自衛隊とは異なり、「国防軍」という実力組織に再編するというわけです。この「国防軍」を作ろうとしたとき、最高指揮権がシビリアンにあることは明記しなければならないので、内閣総理大臣の最高指揮権を明記したということでしょう。

しかし、行政の範囲を超えた軍事組織を持つならば、最高指揮権の所在を明記するだけでは、憲法による統制としてまったくダメです。軍事組織は、権限濫用の危険が高く、しかも濫用された場合の被害が大きいので、憲法によって厳格に統制するのが一般的です。しかし、自民党改憲草案では、国会の関与ひとつをとっても、「国防軍は、前項の規定による任務を遂行する際は、法律の定めるところにより、国会の承認その他の統制に服する」とあるだけで具体的規定がなく、すべて法律事項となっていますから、首相に丸投げするような法律も成立しかねません。

軍事組織を設けるときには、組織・作用・統制という3つの要素を考える必要があります。組織とは、組織のあり方、つまり、どんな部局を作って、意思決定系統をどうデザインするか、人員をどう配置するかといったこと。作用とは、その組織がどんな権限でどんな活動をするのかに関すること。統制とは、その組織をどうコントロールするか、問題があったときの是正方法をどうするかといったことです。

たとえば、明治憲法ですら、組織・作用・統制についての規定はあったわけです。

橋下 軍に関する権限は天皇にあったんでしょうか。

木村 はい。まず、組織規定として編制権は天皇にあるとされ（12条）、作用規定として統帥権も天皇にあるとされました（11条）。統制規定については何も書かないことで、天皇の統帥権の独立を定めていると解されていました。これは当時としてもかなりいびつな規定でした。

橋下 要は、議会がまったくタッチできない。

木村 そうですね。ただ、帝国議会に予算承認権があったので、その限りでは憲法上の統制規定があったといえるかもしれませんが、軍事組織の統制としてはあまりにも不十分です。結局、軍部の統制が利かなくなって第二次世界大戦に突入したわけです。

自民党改憲草案のように「軍の最高指揮権が首相にある」と作用規定だけ書くと、組織権も当然首相ということになります。海外派遣・海外派兵の決定権も首相にある。せめて組織基本計画とか組織の基本予算については議会を通す必要があることを書かなければなりません。

もし議会統制を及ぼすのであれば、「海外派兵の際には、事前の国会承認を経なければならない」などと、議会がどのように関与するのかを具体的に憲法に書いておかないとまずいですね。百歩譲っても、議会が関与すべき事項についての基準は示さなければいけない。

橋下　憲法上にあらゆる規定を置くことが最善だとは限りません。アメリカでは憲法に大統領の軍に対する指揮命令権と議会の開戦宣言権・軍の編制権などが明記されていますが、その調整が大変で、いまだに揉めています。大統領は議会に干渉されずに軍を動かしたい。しかし議会は大統領を統制したい。結局、実際に軍を指揮する大統領のほうが強く、議会は大統領を十分に統制できない状況になっています。この問題を解決するために、アメリカでは長年にわたって大統領の権限と議会の権限を調整する戦争権限法の改正案が審議されてきましたが、最終的に成立していません。そしてそもそも、このような詳細な手続き規定は、部隊を動かす実務的な規定ですから、時の状況に応じて改正する必要が多々出てきます。そうすると、憲法に明記してしまうとなかなか改正することができず、実務的ではありません。アメリカの戦争権限法もかなり詳細な手続き規定になっているので、これは憲法で定めるものではなく、法律で定めるものだと考えています。

仮に、現在の憲法が定めている一般行政部門に対する内閣総理大臣の指揮監督権や議会の統制手続きとは異なる、新たな自衛隊に関する権限・手続き規定が憲法に置かれた場合でも、自衛隊は行政組織だといえるんでしょうかね。

木村　変容すると思います。従来型の自衛隊ならば確かに行政権の範囲です。けれども今の自民党は、集団的自衛権の行使を前提に憲法改正を議論するわけですから、行政の範囲を超えたかなり異質なものになります。

橋下　安倍さんが集団的自衛権として位置付けた安保法制の存立危機事態とは、本当に純粋な集団的自衛権なのか疑義があります。本来の集団的自衛権とは、他国の援助要請がある場合に他国を守るために武力行使するものです。しかし、自国の存立に危機がある「存立危機事態」のときに、他国の援助要請を待つとするのは矛盾です。安保法制では、「存立危機事態」での武力行使には他国の援助要請は要件とされていませんが、それが必要であることを政府は国会で答え、附帯決議にも入っています。

木村　附帯決議について法文にするための協議をするとの条項が、決議を作った5つの党の合意書に入っていましたが、協議はなされないままうやむやになり、いまだに法文にはなっていません。とんでもない話ですけれど。

ニカラグア事件判決で、集団的自衛権の行使には被害国からの要請が必要だと判断されましたから、安保法制が本当に集団的自衛権を行使するものだとすれば、他国の要請は必須です。この附帯決議は条文にすべきだと思います。

橋下　木村さんは、安保法制の存立危機事態に基づく武力行使を、他国からの援助要請が条文に明記されれば認めますか？

木村　他国の要請があって行くということは、「個別的自衛権ではない」ということなので、今の憲法のもとでは駄目だと思います。ただ、個別的自衛権でも集団的自衛権でも武力行使の正当化が可能な場合に、「本当は他国の要請なしでも個別的自衛権として行使できるのだけれど、他国の要請もあった」ということは、一応あり得ますね。

橋下　それは個別的自衛権と集団的自衛権が重なっていると評価される部分ですよね。ただ、安保法制論議の際の議論の仕方には疑問を持っています。まず集団的自衛権は違憲だという大前提があるとしても、本来の議論の対象は、具体的な条文についてだと思います。ところが今回の安保法制論議の際は、集団的自衛権という言葉が激しく飛び交いましたが、具体的な存立危機事態の条文が、集団的自衛権なのかどうなのかの議論はきっちりと行われておりません。まあ、ここは安倍さんが集団的自衛権という言葉にこだわって、２０１４年７月に憲法解釈の変更を行った閣議決定のなかに「集団的自衛権」という言葉を入れ込んだので、野党やインテリたちが安保法制は集団的自衛権だと決めつけてしまったことは仕方がないでしょう。

しかし安保法制の「存立危機事態」というのは本当に集団的自衛権なのか。純粋な個別的自衛権でなければ、純粋な集団的自衛権でない場合もある。個別的自衛権、集団的自衛権というのは概念に過ぎず、現実はその中間的なものもあるのではないか。そしてその中間的なものはすべて憲法９条に違反するのか。存立危機事態の具体的な条文を詳細に検証して、それが憲法９条に違反するのかの検証が必要でした。

存立危機事態というのは純粋に他国を守るためのものではありません。他国への武力攻撃がきっかけではありますが、あくまでも自国の危機事態に対応するものです。木村さんは、他国への武力攻撃に対する反撃はすべて集団的自衛権で違憲だというロジックですが、国際情勢の変化というものを考慮に入れ、他国への武力攻撃をきっかけとした自国の危機事態に対応する武力行使が一切許されないのかを議論する必要があると思います。他国への武力攻撃への反撃は集団的自衛権であってすべて違憲という抽象的なロジックだけで国民・国家の生存を決めてしまっていいのか大いに疑問です。今の憲法の範囲でできることはどこまでなのかを具体的な条文を基に精緻に議論すべきだと思います。

安倍さんがこだわり、そして反対派からは集団的自衛権だと騒がれた存立危機事態とは「我が国と密接な関係にある他国に対する武力攻撃が発生し、これにより我が国の存立が脅かされ、国民の生命、自由及び幸福追求の権利が根底から覆される明白な危険がある事態」を言いますが、これが純粋な他国防衛のための集団的自衛権でないことは明らかです。武力攻撃は他国に行われているが、あくまでも自国の危機事態への対処です。そうであれば、集団的自衛権だから違憲だと決めつけるのは単純すぎます。

安全保障の専門家との議論において、現在の国際情勢下で日本が安全保障上本来やらなければならないが、しかし憲法や法律が壁になってできなかったことを具体的に明らかにすべきです。これが憲法事実、立法事実の議論です。安倍さんはここがあやふやだったので、法律の条文もあやふやになってしまった。維新の会で集団的自衛権を議論した時も国会議員の多くは、今必要なのは米軍と一緒に行動することによって日本の攻撃力を増強することだと言っていましたが、そもそも集団的自衛権というのは自国のためにやるものでありません。自国を犠牲にしてでも他国を守ることであって、集団的自衛権を行使したからといって自国の攻撃力が増強するものではないのです。ここも憲法事実、立法事実の捉え方が間違っています。僕の持論では、今必要なことは自衛隊と米軍のチームワークの強化、信頼関係の強化です。そうであればそれを実現するための具体的な条文はどのようなものか。そしてその条文は憲法に違反するのか。このような議論が必要でした。もし今必要なことが自衛隊と米軍のチームワークの強化だというなら、安倍さんと自民党が成立させた存立危機事態は、武力行使の範囲があまりにも広くてダメです。それを説明するのに違憲と言うことも可能でしょうが、それは集団的自衛権だから違憲というよりも、漠然的過ぎて違憲だと言った方が適切かもしれません。そして自衛隊と米軍のチームワークの強化のためには、日本維新の会が作った安保法制案で必要にして十分です。安倍さんと自民党が作った安保法制は、存立危機事態のほかに、米艦防護や米軍の活動を後方支援する条文がありますが、これは自衛隊と米軍のチームワークの強化を目的とし、実際、これらの条文ができたことで、これまでできなかった自衛隊と米軍の共同訓練等ができるようになりました。集団的自衛権だから違憲と断じる前に、個々の条文を具体的に検証し、国際情勢の変化による憲法解釈の変更で対応できないか具体的に議論することが必要だと思います。

そして重要な点の話に戻すと、自民党の改憲案は自衛隊の行政組織性を変容させる可能性があるのですね。

木村　変容させる前提で作っていると思います。従来通りの行政組織であるとするならば、わざわざ書かなくてもいい。あえて書くというのは、行政組織ではない組織として自衛隊を位置付けるということです。

橋下　特に、自衛権の範囲についても大問題ですね。憲法9条の解釈で重要な「必要最小限度」という概念を変更し「必要な自衛の措置」に改めています。これで、72年見解が言うところの日本の自衛権特有の「必要最小限度」という制約がなくなり、国際法上の自衛権と同じものになる可能性があります。すなわち他国の軍隊が有している普通の自衛権と同じものに変容し、集団的自衛権も当然行使できることになり得ます。

さらに、一般行政の権限と手続き規定とは別に、自衛隊に関する権限と手続き規定が新たに憲法に明記されることで、自衛隊が一般の行政活動とは異なる活動、つまり軍事的な活動をすることも可能となりますね。

木村　「必要な自衛の措置」という文言で、集団的自衛権の行使が可能とは限らないでしょう。集団的自衛権の行使は、自国の主権維持に必要とは言えませんから。どちらかというと、あえて改憲したということは、これまでとは違う組織になった。つまり、他国の軍と同じになった、と解釈される可能性が高いと思います。

ただ、こんなにラフな文言で軍事権という重大な権限を委任していいのかについて、憲法改正論議として、十分に検討しなければなりません。

橋下　ただし、先ほども言いましたが、憲法には詳細な手続き的規定を置くことは困難で、憲法へのその明記の仕方は他国の憲法と同レベルのもので十分かと思います。それ以上のことはやはり法律で定めざるを得ないと思います。

その点は横に置くとして、僕は今の日本において、ここまでの改憲をやっていいとは思いません。最終ゴールは日本がしっかりと軍を持ち、安保理決議による軍事措置や集団的自衛権に基づく武力行使を当然含む普通の軍事力を持つことだと思っていますが、モリカケ問題で露呈した政府組織の体たらく、陸上自衛隊日報隠ぺい問題で露呈した防衛省・自衛隊組織の体たらく、国のために戦って命を落とした兵士をきちんと祀ることのできない靖国問題、戦争で被害にあった国民への補償制度の欠如などの今の日本の状況を見ると、とてもじゃありませんが、日本政府は完全な軍事力を持つことはできないし、そんなのを持たれたら危険極まりないと感じます。ゆえに自民党の改憲案には反対です。

ところが、安倍さんや自民党は、憲法9条1項2項は維持する、自衛隊を合憲化して、シビリアンコントロールを強化する、と説明していますが、これは憲法論的には大ウソになりますね。「必要最小限度」を消して「必要な自衛の措置」とすることで72年見解を完全に書き換え、フルの軍事力を持つことも可能となり、そしてシビリアンコントロールの名の下に、すでに存在する一般行政部門に対するものとは異なる自衛隊特有の権限・手続き規定を置くことで、行政組織である自衛隊組織が行政活動とは異なる軍事的活動もできるような組織に変容する。このことを知らずに改憲案を出したのであれば勉強不足も甚だしいし、知って出したのであれば、国民に対しての大ウソつきです。

木村　そうですね。今回議論すべき内容はふたつあると思います。

ひとつ目は、従来の個別的自衛権のみ発動できる専守防衛型の自衛隊を憲法上認めるべきか。ふたつ目は、日本への攻撃がない場合の武力行使を自衛隊に認めるべきか。

2015年の安保法制についても、細かな現場の声を反映した改正については賛成だけれど、限定的とはいえ集団的自衛権を行使できるとした点や、後方支援について現に戦闘が起きていなければ自衛隊が活動できるとした点などについては反対という人もけっこういると思います。それにもかかわらず、「安保法制を前提にした自衛隊の賛否を問う」と言われれば、国民はかなり混乱します。憲法の条文に自衛隊を書くことまでは賛成だけど、安保法制までは認められないという人もいる。そもそも9条改正反対だという人もいますね。

国民の声を本気で聞こうと思うなら何をしなければいけないか。まずは、日本の領域が武力攻撃を受けた場合に武力行使する自衛隊を認めていいか、を第一投票として問う。これは自衛隊を問う投票です。次に、日本が攻撃を受けていない場合でも、自衛隊が武力行使をしてもいいのかを問う第二投票を行います。これはいわば、安保法制への信任投票です。別々の論点として投票に付すべきというのが私の考えです。

橋下　しかし安保法制は法律なので国民投票で信を問う必要はないです。そして自衛隊という組織を認めることと、その自衛隊がやれることをどこまで認めるのかは別問題だと思います。前者は組織論、権限・手続き規定の話、後者は実体論、自衛権の範囲の話だと思います。憲法9条の解釈において、自衛隊は組織として違憲だという意見がある以上、まず組織として合憲にするだけの改憲案もありだと思っています。

木村　行政機関として個別的自衛権のみを行使する機関と、軍事機関として国連軍に参加したり集団的自衛権を行使したりする組織とは、たとえ同じ「自衛隊」という名前だったとしても、まったく異なる組織です。単に「自衛隊を認めますか」と国民に問うても、何を問うているのか内容が不明確で意味がありません。

安保法制で拡大した自衛隊の活動部分について、憲法として認めていいのかを問う必要があるでしょう。

橋下　木村さんが違憲と指摘する安保法制の存立危機事態の部分を憲法に明記するという改憲案なら、国民投票に付すことになりますね。しかし僕はそのような改憲案は不要だと思っています。それは憲法解釈で対応できるからです。

ゆえに木村さんが違憲と指摘する安保法制の部分について国民投票にかける意義は、国民投票で否決となった時に安保法制の違憲部分を是正することにあります。しかし間接民主制を原則としている憲法の統治下では、安保法制という法律の是正は、国民投票の力を借りて行うものではなく、国政選挙を通じて是正するものだと思います。もちろん、今後憲法改正の国民投票以外に広く国民投票ができるような法制度、手続きができれば別ですが、今はそれがありません。

では、自衛隊を合憲化するための改憲も、解釈で合憲とすることもできるので不要ではないかという指摘を受けるでしょう。その通りです。

本来自衛隊を合憲化する改憲など不要です。しかし現在、自衛隊は組織として違憲だという見解があることは間違いありません。いざというときに、国民のために命をかけてくれる自衛隊、そして災害対策においても国民が頼り切ることになる自衛隊を、組織として違憲だと言われるまま放置することは国民感情としても許されないと思います。自衛隊組織の最高指揮官である安倍さんがそのように感じるのは当然です。組織のトップに就けばわかることですが、組織を動かす際にはメンバーの士気が重要です。これまで違憲だとも言われていたところ、憲法上明確に合憲となることは自衛隊員の士気には相当プラスになるでしょう。自衛隊合憲化の話は、自衛隊に対する国民の感情や、自衛隊員のモチベーションの話で、そのことによって具体的に国民生活が変わるような話ではありません。しかし自衛隊の組織マネジメントとしては非常に重要な話です。さらに成立過程に色々と問題が指摘される現行憲法において、一度国民投票にかけるというのは非常に重要です。国民投票になると日本国中で憲法論議になります。僕はこの意義のほうを重視しています。

そして組織を合憲化しても、それによってやれることが直ちに増えるわけではありません。合憲化された自衛隊がやれることは、あくまでも現行の憲法9条の自衛権と法律で定められた範囲です。現行の憲法9条1項、2項の解釈が続く限り、合憲化された自衛隊のやれることは以前と変わりません。ただし、今回の安保法制で自衛隊のやれることが増えました。もしそれがおかしいというのであれば、その是正は国政選挙によって安保法制に反対する政権を誕生させて、法律改正させるべきです。国民投票で問うような話ではありません。

なぜ自衛隊の合憲化のために憲法改正するのか。ほかにも改正すべきところがあるのではないか。いろいろ意見があるのでしょうが、最後は提案者の裁量だと思います。

そのうえで、僕の憲法9条、自衛隊合憲化案は、憲法9条の2として、「憲法9条1項、2項は自衛隊組織の設置を妨げない」という文言のみです。憲法9条1項2項はそのままにします。そして9条の2には、あえていろいろな文言は付け足しません。今、話題となっており、2018年3月にも示された内閣総理大臣の最高指揮権や議会による統制権というシビリアンコントロールの規定も入れません。そのような規定を憲法に入れてしまうと、自衛隊組織が、今の行政組織とは異なる軍事的性格を帯びた組織に変容し得る可能性が出てくるからです。自衛隊組織を、これまでと同じく行政組織と位置付けるなら、一般行政部門と同じように内閣総理大臣の最高指揮権は憲法72条に求め、政府への権限付与は憲法73条に求めるべきで、それ以上に憲法上の特別の規定は不要です。加えて憲法上に内閣総理大臣の最高指揮権や国会による統制権を明記することには様々な問題もあります。よって実にシンプルな「憲法9条1項、2項は自衛隊組織の設置を妨げない」という案にいたりました。

木村　けれども「自衛隊の設置を妨げない」という規定だと、集団的自衛権は正当化できないですよね。そのうえ、1項・2項もそのままなので、「個別的自衛権の行使が違憲だ」とこれまで主張してきた人々は、そのまま同じ主張をし続けることになります。

橋下　そうです。あくまでも自衛隊に対する国民感情や自衛隊員の士気に配慮した改憲ですから、これからは自衛隊が組織として違憲だと言われることはないというだけで、その他の違憲論はそのまま残ります。

木村　個別的自衛権違憲説が残ると、その行使のための組織も違憲と言われ続けると思いますが。それに、個別的自衛権・集団的自衛権の違憲論が残ることは甘受するということですよね。

橋下　はい。それと、やっぱり内閣総理大臣の自衛隊に対する最高指揮権を憲法に書くことはなんか危険な香りがする（笑）。憲法上に明記されることによって、ほかの行政部門とは異なる特別の地位を得てしまうのではないか。これまでは、予算や人事その他の点でほかの行政部門と調整することで抑制均衡がはかられていたパワーバランスが崩れ、自衛隊だけが暴走してしまう危険はないか。

木村　わかります。明治憲法での天皇の統帥権干犯問題のようになったら、すごく危険でしょう。もしも憲法に書くとしたら、自衛隊を統制するためにいろんなルールを整備しなければいけない。

でも憲法に具体的な規定を設けずに、法律事項として丸投げするのは、それもまた危険ですよね。法律でどのようにも定められるということになってしまいます。

橋下　うーん、ここは先ほども話しましたが、すべて憲法に明記することも困難だと思います。自衛隊に対する内閣総理大臣の指揮命令権と国会による統制権のぶつかり合いは、かなり詳細な手続き規定でなければ調整できないでしょう。もちろん日本は議院内閣制の国なので、最後は内閣総理大臣への不信任や衆議院の解散で調整すればいいという考えもあるでしょうが、自衛権発動という緊急事態のときに不信任や解散総選挙で、内閣と国会を調整することは現実的ではないと思います。やはり内閣と国会を調整する詳細な手続き規定が必要であって、これは憲法に明記するというよりも、法律で定める事柄だと思います。ところで、木村さん独自の9条改正案はないんですか？

木村　自衛隊の海外派兵手続きを憲法に書くと言っても、派遣計画の書式など細かいことまでなんでもかんでも憲法に書こうと言っているわけではありません。議会承認の範囲や、国民、議会への情報提供の原則、事後的な検証方法の基本的な考え方などは、憲法に規定しておく必要があるでしょうということです。

私自身の案ですが、現段階で、具体的で細かい条文の案があるわけではないですが、先ほどからずっと言っているように、やはり専守防衛の自衛隊を認めるかと、集団的自衛権や国際貢献のための武力行使を認めるかを別々の論点で投票するのがいいと思っています。国の防衛政策の根幹にかかわることは、国民がしっかりと選択すべきことですから。

橋下　国連軍参加などの国際貢献のための武力行使案を出すというのは大賛成やね。自衛隊合憲化案よりもよほど意味があるし、他方、日本が主権の行使として武力行使をするわけではないから日本が戦争国家になるわけでもない。僕は憲法9条を改正しなくても、解釈の変更で、国連軍への参加も集団的自衛権の行使もでき得るという立場。もちろん木村さんの指摘のように政府が自衛隊組織について国連軍参加の権限を持つ規定や参加手続きの規定を明記する改憲は必要だけど。

でも、これまで憲法９条の下で、国連軍参加や他国を守る純粋な集団的自衛権の行使を制限してきた以上、それをこれからやるというなら、あえて憲法の改正をやって国民投票にかける必要があるのかなと感じています。解釈で対応すればよく、本来やらなくてもいい改憲だけど、立憲的な意味で国民投票にかけるという感じかな。大阪都構想の住民投票と同じ感覚。義務的ではないけど、自主的に国民投票にかけるというね。

木村　自衛隊の活動範囲を拡大するのは、日報問題とかをちゃんと落ち着けてから、というのが前提ですけれどね。現状では、シビリアンコントロールがうまくいっているとは言えませんから、こうした組織のままでは、憲法にどれだけ統制規定をおいても、うまく機能しないでしょう。

もちろん、国連軍の参加に反対という人たちもいますし、護憲派の人たちはがんばるでしょう。それは国民投票で議論すればいい。

橋下　ふーん、木村さんは自衛隊の活動範囲の拡大については賛否はどちらでもいいというスタンスなんだ。だから木村さんは投票の仕方は提案するけど、中身については賛成とも反対だとも言わないわけだね。

木村　そうですね。国連軍の参加を認めるかどうかが明確になる国民投票案にして、国民がしっかりと議論できるベースを作る。そこまでが自分の仕事というイメージです。そこから先は国民が決めることですよ。

橋下　今回の木村さんとの議論で、僕は大きな発見をしました。これまでは憲法9条論によって国家権力の最たるものである自衛権を縮小することこそが立憲だと言われてきました。自衛権の縮小によって政府・自衛隊組織をコントロールする思想です。

しかし、日本の国を守るためには、自衛権の縮小が妥当なのでしょうか。それは違うと思います。日本の国を守るためには、適切な自衛権の行使が必要なのです。そして適切な自衛権の行使は、自衛権という実体的権利を縮小させることで実現できるわけではありません。政府・自衛隊組織を適正な手続きに従わせることで、適切に自衛権行使をさせる必要があります。何が適切なのかはわからない。だからきちんとしたプロセスを踏まえて適切なものに近づけさせる。まさにこれこそが立憲です。

先に、道具の話をしましたが、大きな鯛のお造りを作るのに、カッターナイフでは無理があります。ところがこれまでの日本の憲法論議では、とにかく自衛権を縮小させることばかり考えていて「小さい道具のほうがいい」と考えていた。でも適切な道具を適切に使わせるほうがいいですよね。大きな包丁や、場合によってはノコギリであっても、適切に使えば鯛のお造りを作ることができる。つまり道具の大きさよりも、それをどう適切に使わせるかの方が重要です。

憲法学者やインテリたち、特に今の野党議員たちの多くは自衛権を縮小させることこそが立憲だと言っていますが、それは完全に間違いです。自衛権を拡大することがあっても、その自衛権を適切に行使させることこそが立憲です。

そのためには、適正な手続きを踏んでいくプロセスが重要で、この適正な手続きというものが、木村さんがずっと指摘し続けてくれた、憲法9条とは別の、政府に対する権限付与規定や手続き規定です。

憲法9条の解釈には様々なものがありますが、これまでの議論のなかで手続き規定の視点が完全に抜け落ちていました。憲法9条によって自衛権を拡大する解釈をとろうとも、手続き規定も必要であり、今の憲法にはそれがありません。自衛権を拡大するなら、手続き規定を明記することが必要不可欠です。このことに今回、気付かされました。

そして、シビリアンコントロールという名目の憲法上の規定は、一見、自衛隊組織を統制する規定のように見えますが、これまではそのような規定がなかったがゆえに一般行政部門のひとつに過ぎなかった自衛隊を軍事的組織に変容させる可能性があることにも気付かされました。統制すると同時に大きな力も与えてしまうのです。

このような視点からの憲法9条論議、特に憲法9条改正論議は、僕はこれまで耳にしたことがなかった。これからの議論に大きなインパクトを与える話だと思っています。この発見は僕にとって大きな宝です。

（２０１８年６月26日）

第6章
「護憲」「改憲」の二元論を超えて

この章で話題になる憲法や法律

〈日本国憲法　第7条〉

天皇は、内閣の助言と承認により、国民のために、左の国事に関する行為を行ふ。

一　憲法改正、法律、政令及び条約を公布すること。

二　国会を召集すること。

三　衆議院を解散すること。

〈日本国憲法　第96条〉

この憲法の改正は、各議院の総議員の三分の二以上の賛成で、国会が、これを発議し、国民に提案してその承認を経なければならない。この承認には、特別の国民投票又は国会の定める選挙の際行はれる投票において、その過半数の賛成を必要とする。

〈日本維新の会憲法改正原案　第26条〉

1　すべて国民は、法律の定めるところにより、その適性に応じて、ひとしく教育を受ける権利を有し、経済的理由によつて教育を受ける機会を奪われない。

2　すべて国民は、法律の定めるところにより、その保護する子女に普通教育を受けさせる義務を負ふ。

3　法律に定める学校における教育は、すべて公の性質を有するものであり、幼児期の教育から高等教育に至るまで、法律の定めるところにより、無償とする。

実は根拠のない内閣の解散権

木村　最後に改憲と国民投票についてお話しできればと思います。改憲といえば憲法9条ばかりが争点になりますが、ほかに注目しているトピックはありますか。

橋下　まずは解散権です。衆議院の解散は内閣が行うことになっていますが、憲法で明確に定められているのは憲法69条の内閣不信任案が可決した際の解散です。しかし実際は、憲法7条によって内閣は自由に衆議院を解散させています。

木村　ええ。天皇の国事行為について定めた第7条で「天皇は、内閣の助言と承認により、国民のために、左の国事に関する行為を行ふ」としたうえで、三号に「衆議院を解散すること」と書かれているだけです。内閣に自由な解散権を委ねるのは、世界標準に照らしても一般的ではありません。

橋下　解散権の根拠と手続きを明確にする必要があります。今は政権与党に都合のよいタイミングで解散できますからね。解散濫用を防止する方向を目指すべきでしょう。これも解散権を縮小させるというよりも、適切に解散権を行使させるという意味での立憲です。

木村　そうですね。私は、解散の際、国民に対して「なんのための解散なのか」を提示するのが大事だと思っています。なんのための解散なのかわからないまま、「解散したので衆議院選挙をしましょう」と言われても、何を基準に投票すべきか国民はよくわからないでしょう。

たとえば、現行憲法の下でも、解散理由について衆議院で審議してから、効力を発生させるという手続きはできるはずです。そうすれば、消費税増税延期の是非を問うような場合に、政党ごとの賛成・反対を明確に議論してから解散できます。2017年の解散においても、モリカケ問題をきちんと議論してから解散を行うことができたはずです。

今の解散は、首相が記者会見で一方的に説明するだけになっています。2017年の衆議院解散では、「国難突破解散」といういまいち納得できない理由で総選挙が行われましたしね……。

橋下　解散権は、国会議員を全員クビにする最大最強の権力ですよね。別に議員への解散理由の説明はいりませんが、有権者に説明する手順は必要だと思います。けれども解散権をやみくもに縮小させるのは違うんじゃないかとも思います。立憲民主党の枝野幸男さんたちは権力を縛る・縮小させることが立憲だという思想ですが、立憲とは権力を適切に行使させることですから。

というのも、議院内閣制の下で内閣総理大臣がリーダーシップを発揮するためには、解散権をちらつかせながら与党をマネジメントすることも必要です。要は解散権をちらつかせて脅しながら言うことを聞かせるんです。北朝鮮のように銃殺なんてできないんですから、解散権でも使わない限り、政治家連中を束ねることなんてできません。なんでも縮小していくと、適切な権力の行使にならないんです。権力が強すぎても弱すぎても国民のためにはなりません。解散権を単純に縮小させるのではなく、きちっと仕組みや手続きを定め、必要な解散権を適切に行使できるようにするのが立憲です。解散権をやみくもに縮小させることが、絶対的な正義ではないですよね。

木村 解散権といえば、イギリスの事例が注目されています。イギリスでは首相が自由に解散権を行使できる制度だったのですが、2011年の「議会任期固定法」によって下院の3分の2の賛成か、不信任案可決のときだけ解散できるように変更されました。

このルールは基本的に妥当と思いますが、ひとつ心配なのが、首相が特定法案に信任をかけるやり方が使えなくなることです。小泉元総理のように「郵政法案に信任をかけたい」とか、菅直人元総理のように「再生エネルギー法案に自分の信任をかけたい」といったことができなくなる。

ですから、解散権の濫用を防ぐための憲法改正をする場合、法案に信任をかけていいという条文が必要かもしれません。それができないと、与党マネジメントの観点からは弱くなりすぎます。

橋下 大きな変革を伴う、そして激しい賛否を沸き起こすような法律案を内閣総理大臣が出す際には、やはり信任をかけるということが必要になります。議会がその法律を否決するなら解散総選挙だというようにね。僕が知事、市長のときには、議会は少数与党だったのですが、野党は重要法案について否決してくるのに不信任案も出してこないから議会の解散もできず苦労しました。選挙になれば、その法律に反対した者は、与党議員なら公認を差し替えられて刺客を立てられるだろうし、野党議員なら与党の猛攻撃に晒される。今選挙になったら確実に落選するとわかっている議員たちは、みんな賛成してきますよ。

憲法裁判所の必要性

橋下　あと、僕は憲法裁判所も設置したほうがいいと思っていて、維新の憲法改正案でも取り入れました。たとえば、今回木村さんと徹底議論した憲法9条をめぐる問題は、日本の安全保障にとってものすごく重大な問題なのに、最終的な合憲性の判断権者である最高裁は判断を逃げて、合憲性の判断を内閣や国会にゆだねています。いわゆる「統治行為論」です。

このことによって、今回の安保法制論議は抽象的な合憲、違憲の話ばかりになり収拾がつかない状態になりました。違憲派は、存立危機事態は集団的自衛権なので違憲であるの一点張りですが、存立危機事態は本当に集団的自衛権と言えるものなのか。今の国際情勢の下、日本のあるべき安全保障政策はどんなもので、それと法理論の追求による帰結にはどれほどのギャップがあるのか。そのギャップは、国政情勢の変化のなかで当てはめの変更、すなわち憲法解釈の変更で対応することができないのか。これらの具体的な議論が吹っ飛んでしまっています。

もちろん違憲派の見解が間違っていると言っているわけではありません。わからないんです。憲法学者やインテリたち、そして元内閣法制局長官たちの多くが一斉に違憲論を唱えていますが、逆に合憲論を唱えている人たちもいます。そして国会では合憲か違憲かの議論ばかり。なぜこのように収拾がつかない事態に陥ってしまったかというと、合憲か違憲かを判断する最終責任者がいないからです。本来は最高裁判所がその役割を担うべきなのですが、これら高度の政治判断を伴う合憲性の判断については今の最高裁は行わない。だから最終的な憲法判断をしっかりと担ってくれる憲法裁判所のような機関が必要だと思っています。このようにすれば、不毛な合憲、違憲の叫び合いは少なくなると思います。木村さんはどう思いますか？

木村　憲法裁判所については、検討に値するとは思います。ただ、これまで以上に裁判所人事に対する政治介入を防がないといけませんから、私自身としては非常に慎重な立場をとっています。それに、「具体的な事件が発生しなければ裁判所は判断しない」といういまの仕組みには、けっこういい面もあると思っているんです。

もしも憲法裁判所を作るとすると、短時間かつ一回の裁判で憲法判断が出ますよね。いまの裁判システムでは、一審、二審、最高裁、場合によっては政府解釈の形成もあり、長いプロセスをかけて憲法解釈ができていきます。このシステムは、一部のエリートが一遍に憲法解釈を決めてしまうのではなく、国民全体で議論し、その議論の成熟過程で政府解釈を見直し、最高裁が判決に時間をかけるという意味では、悪くありません。

ですから、裁判所のあり方を考えるならば、憲法裁判所を作るというよりも、以前お話ししたように、最高裁判事任命の前に公聴会をやるなどして最高裁の独立性を保ったり（第２章）、衆参両院の賛成３分の２を条件に同意人事にしたりするといった改革をすることが有益ではないかと思います。

橋下　今の裁判システムに大きな問題があるというよりも、最高裁が憲法判断から逃げてしまうところが問題だと思っています。どれだけ時間をかけて国民全体で議論しても、最後に判断が出ない。だから議論に決着が付かない。これは国民、国家にとってプラスよりもマイナスのほうが大きいと思います。それだけの莫大なエネルギーを割いて行われた国民の間での憲法論議について、最高裁は責任を持って判断を下す態度が必要ですし、それができないというのであれば、できるような仕組みを模索していくことが政治の役割だと思います。憲法裁判所の判断は短時間に1回の裁判程度で出されることに懸念があるなら、ここは制度設計で乗り越えることもできるのではないでしょうか？　裁判の進め方や、憲法裁判所自体に二審制、三審制を入れるのか。ここはまさに手続き規定の定め方によると思います。また、最高裁裁判官人事のところは、木村さんとはちょっと意見が異なるかな。やはりどのような司法府を目指すべきかについては政治がきっちりと決めるべきだと思います。もちろん個々の裁判への介入はダメですが、憲法判断に積極的な司法府なのか、それとも消極的な司法府なのかなど。そのためには政治すなわち内閣が憲法の規定に従って最高裁裁判官人事をすべきだと思います。そしてその過程においては公聴会のプロセスをしっかりと設けるべきです。野党の一定の賛成が必要な3分の2の同意人事にするというのは検討に値するでしょう。しかしそれには憲法改正が必要ですね。

政治介入という言葉がよく政治への批判で使われますが、逆に政治の不介入もよくない。政治の適切な介入が必要であり、それを実現していく手続きが立憲だと思います。

司法府の独立を守るために最高裁裁判官は高度な身分保障が与えられています。いったん政治が選ぶと政治は例外的な場合を除いて解任できません。ゆえに、政治が一切介入しないとなれば、司法府は治外法権状態となってしまいます。そこで憲法は政治による司法府への介入の仕方として、最高裁裁判官の人事や、国会による弾劾裁判の仕組みを定めました。国民による介入は最高裁裁判官に対する国民審査制度です。そうであれば憲法に則って、政治は司法府に「適切に」介入すべきで、それこそが立憲だと思います。

木村　国家機関をすべて民主的コントロール下に置くのがよいかといったら、そうではないと思います。裁判官は「法と良心」にのみ拘束されれば、別段「治外法権になる」ということもないでしょう。

日本の裁判制度は、「付随的違憲審査制」をとっていて、裁判所は事件解決に必要な範囲でしか判断を示しません。具体的な法的紛争がないと判断しませんし、たとえ裁判になったとしても、ほかの論点で結論を出せるときには、わざわざ憲法判断を示しません。そうしたシステムに対して、裁判所にもう少し積極的に態度を示してほしいというのもわかります。ただ、裁判所の権限が大きくなれば、裁判に対する政治介入のインセンティブも大きくなるので、私は憲法裁判所の設置には慎重な立場をとっています。

法令の合憲性判断についてもっと積極的に判断すべきという点に着目するなら、憲法裁判所を設置するのではなく、これまで内閣法制局がやっていた役割をもっとオープンにしていくのはどうでしょうか。

日本には憲法裁判所はありませんが、内閣法制局という内閣の補助部局が、法案提出の前に憲法違反にならないか、ほかの法令との整合性がとれているか、などをチェックしています。内閣法制局のメンバーは行政実務と法解釈に精通した人が多く、行政機関の内部組織とはいえ、諸外国における憲法裁判所の役割に近いことを担っていたように思います。

たとえば、国会の憲法審査会の諮問機関として、憲法の専門家会議を設置し、法制局の機能を果たしてもらうというのはどうでしょうか。議論を呼ぶ法案が出たら、国会がその会議に負託して、報告書を書いてもらうわけです。

現在でも、国会の法案審議の段階で、専門家が参考人や公聴人として行くことはありますが、対話というよりも個人の意見を一方的に話すのが基本です。公聴会はかなり形骸化していて、これをきっかけに国会の議決が左右されることは、ほとんどないように思います。

本来であれば、もっと対話を通じて、「ベストな解」にいたるまでのプロセスを国民に示すべきだと思います。裁判所の判決もそうですが、合議体を作って、みんなで議論して文章をまとめるのは重要なプロセスです。もちろん個人の有識者が意見を述べることも大事ですが、それでは、一方的な発言を聞いて「あなたはそう思うのですね」というだけで終わってしまう。そうではなくて、専門家会議を作り、著名な憲法学者や法制局の担当経験者、元有力政治家たちが集まって、国民の問いに応えていくような形で、結論を文書にして出すプロセスそのものを見せるやり方があってもいいのではないでしょうか。

橋下　いろいろな意見があるなかでそれを合議でまとめていくのは、個人が一方的に個人的見解を話すのと違って、莫大な労力がかかりますよね。

木村　裁判は対立する当事者双方の言い分を聞いたうえで、裁判官が合議のうえで判断を示し、その判断理由も記録します。だからこそ判決に意味と説得力があります。

たとえば、衆議院議員選挙の区割りを考える機関「区画審」（衆議院議員選挙区画定審議会）のような方法もありますよね。国会議員が直接区割りを考えると、自分の都合がいいように設定する危険があるので、諮問を受けた専門家が意見をとりまとめて国会の議長に出します。これを応用するような方法もあると思います。そうしていけば、付随的違憲審査制とまったく矛盾しませんし、国会側も専門家とコミュニケーションをもっととれるはずです。そのようなことに憲法学者が参加していくことで、憲法学者もリアルな現場について考える能力を鍛えられると思いますね。

日本の憲法学者は、気軽なんです。ドイツには憲法裁判所がありますから、有力な憲法研究者はその裁判官になり得る。自分が憲法判断の責任を負わなければならないという重圧のなかで研究します。一方、日本の憲法学者は、国立大学の教授に就くことはあっても、基本的には公職に就かなくてもいいんです。

橋下 日本の憲法学者は自由気ままなんですね（笑）。

木村 もちろん研究の幅が広がる、というよい面もあるのですが、いかんせん権力側との対話がなさすぎる。そうなると「権力が縮小すればいい」という方向だけが強調されがちです。だから、そういう場で切羽詰まった問題をみんなで考えて、自分の理論で人を説得する場が与えられるというのは、学者にとっても悪いことではありません。

橋下 非常に参考になりました。賛成できる部分とやっぱり違う部分がありますね（笑）。まず内閣法制局についてですが、彼ら彼女らの法律の知識、法解釈能力の高さは天下一品です。大阪府庁や大阪市役所にも法規担当部門がありましたがその能力はピカイチです。じゃあ、ここの判断に従えばいいじゃないかとも思えるのですが、そう簡単な話ではありません。これは今回の対談テーマの柱だと思っているのですが、立憲とは実体論と手続き論の合わせ技だということに関係してきます。

確かに内閣法制局や法規担当部の法律的な能力は高い。これは実体論です。しかしそれが絶対的に正しいのか、そしてその結論に国民が納得するのか。ここは手続き論だと思います。きちんと手続きを踏むから正しいと擬制できる、国民が納得してくれる。憲法9条の自衛権という実体権のみならず、政府への権限付与規定や手続き規定があって、自衛隊は行政活動とは異なる軍事的な行動をとることができる、というのと同じロジックです。

裁判所の判決が一定の信頼を獲得できているのは、木村さんが言われるように判決に至るプロセスや、さらに裁判官の選ばれ方や司法府のあり方に対する権限・手続き規定をしっかりと踏んでいるからでしょう。裁判官や書記官になるには、試験に合格するだけでなく相当なプロセスを踏まなければなりません。

ところが内閣法制局はどうでしょうか？　木村さんはこのプロセスをオープンに充実させればいいと提案されましたが、裁判所ほどのプロセスを踏むことは無理です。

内閣法制局は、霞が関の省庁が日々提案する膨大な数の法案や政策、予算案について、迅速・的確・円滑に憲法や法令との適合性を判断しなければなりません。審議に裁判所ほどの手間をかけることはできないのです。そしてメンバーも、霞が関の人事で選ばれていきます。

内閣法制局は、どこまでいっても中央省庁の一部門に過ぎません。だから、内閣への助言機関と位置付けられて、内閣法制局が最終判断を下すことはできないとされているのです。このような内閣法制局が最終判断を下しても国民は納得しないでしょうから、最後は内閣が最終判断を下すことになっているのが、現在の憲法や法律の仕組みです。

知事、市長という巨大組織のトップを務めた経験から言うと、決定権と責任はワンセットでなければなりません。責任の重さに応じて強い決定権が与えられる。最終決定をするならそれだけの最終責任を負わなければならない。これは正しい決定を目指す実体論ではなく、最後にみんなが納得することを目指す手続き論です。正しいかどうかはわからないけど、みんながとりあえず納得することを目指します。ここは法制局のメンバーの能力とは全然関係ない話なんですよね。どれだけ能力があろうと、責任を負っていなければ決定権は持てないという話です。

ここは凄く重要な話なのに、世間の多くは理解していないし、インテリの人たちも誤解している人が多い。インテリの人たちは、能力があればその人の意見に従え！という感じだからね。これは巨大組織を動かしたり、また膨大な人数の住民を納得させなければならない政治というものを経験したりすると嫌というほどわかります。

僕は知事、市長のとき、役人や府民・市民から見るとかなり無茶な主張を通し、政策を実行してきました。反対する者も山ほどいました。それでも役所は実行し、大阪において暴動、内戦にはなりませんでした。それは僕が選挙で選ばれた知事、市長であり、役所内の意思決定のプロセスを踏んで、これまた選挙で選ばれた議会の議決というプロセスを踏んでいるからです。この民主主義の手続きは本当に大変なんですよ。僕は大量の学者やインテリの外部有識者を府庁や市役所に招きましたが、彼ら彼女らのほとんどはこのプロセスを踏むことに挫折してしまいます。自分でこれこそ最高の提案！　と思っていても、プロセスを通過できない。結局僕が引き取って、僕がプロセスを通過させることになる。すなわち、どれだけ能力が高く、どれだけいい提案、主張、見解を述べても民主主義のプロセスを踏まないことには、それを最終決定にするわけにはいかないんです。そうでないと役人も有権者も納得しません。

ここを学者やインテリは勘違いします。肩書きのある者が立派なことを言えば国民はそれに従ってくれると思うのでしょうが、それは違います。今、僕は一民間人です。

僕の意見が、大阪府庁や大阪市役所の最終決定になってもいいでしょうか？　それは絶対にダメです。元知事、元市長でも、今は民主主義のプロセスを踏んでいません。もし僕の意見を最終意見にしようものなら、暴動、内戦が起きますよ（笑）。ところが以前、大阪の最終決定になっていた知事、市長時代の僕の意見と、今の一民間人としての僕の意見の中身はほとんど変わりません。それでも今は、僕の意見が大阪の最終意見にならないし、そんなことしちゃいけない。プロセス不足で民主的な重みがないからです。

これまで内閣法制局の意見が内閣のそして国の最終意見のようになっていたのなら、それは政治家がだらしなかっただけです。政治家に内閣法制局のメンバーときちんと議論できる能力がなかったからでしょう。また内閣法制局を政治的におさえる力がなかったからでしょう。こちらの方が異常であり、憲法、法律の仕組みから逸脱した非立憲だと思います。内閣法制局の法律的な能力がいくら高くても、組織のあり方、メンバーの選ばれ方、負わされる責任の重さから考えて、彼ら彼女らの判断を国の最終判断にしてはいけない。これが立憲的な思考だと思います。

木村さんも経験されたかと思いますが、役所が設ける審議会って重みがないものが多いですよね。それは審議会メンバーの能力が低いからではありません。みんな、著名なインテリたちですから。でも現実の審議会は、役所がすでにほぼまとめ上げた案について、言いっ放しのコメントをするものが多いですね。そして役所がその声をまとめながら、役所の案に反映していく。審議会委員のメンバー間で意見が割れた場合にも、役人が間に入って調整します。委員同士で意見をすり合わせることのほうが珍しいんじゃないかな。あまりにも非現実的な意見を言う委員がいる場合には、その人を説得して意見を取り下げてもらったりするのも役人。現実的な責任を負わない審議会はだいたいこういうものです。

ある人の意見が周囲を納得させるのは、責任を負っている重みがあるからです。その責任とは多くの事例を扱うことで理想とのギャップに悩みながら、困難な現実的課題を解決するための判断を繰り返さなければならないのです。そのような判断だからこそ、無責任な言いっ放しの意見にならず、周囲が納得することに繋がる。それが本当に正しいかはわかりませんが、周囲は正しいものとして扱ってくれます。

こう考えると専門家会議とか特定課題についての諮問機関というのは、やっぱり助言機関の域を出ないのかな、と感じます。国会審議における公聴人制度の充実も、できる限りのことをやるべきだと思いますが、ひとりの公聴人がその場で言いっ放す意見を役所や国会議員、ましてや世間がどれだけ納得して受け入れるか。

名称はともかく、やはり選挙を通じて国の代表となっている内閣が人選し、もちろんその過程でこれまた選挙を通じて国民を代表する国会が徹底的にチェックし、そして非常勤的なものではなく、常設的に多くの事例を扱い、理想論でない現実というものに悩みながら判断する機関の憲法判断だからこそ、最高権力機関である内閣や国会がそれに従い、多くの国民も国の最終判断としても受け入れるんじゃないかなと思います。その判断が絶対的に正しいかどうかはわかりませんが、まさに立憲的な考え方です。

木村さんは裁判所の権限が大きくなれば、政治の介入のインセンティブが大きくなることを懸念されていますが、裁判所が、国の最高権力機関である内閣や国会の判断を違憲だと喝破し、ある意味国の基本方針を決めるにはやはり強大な力、国民に支えられた民主的な力が必要です。政治が個々の裁判に介入することは厳禁ですが、最高裁裁判官人事を通じて適切に司法府に介入することが、逆に司法府の力を強め、さらに国民の納得度も増すと思います。それは結局内閣や国会を通じた民主的正統性の帰結です。今は司法の独立性が強調され、政治からの距離が開きすぎている。そうなると民主的正統性が必然的に弱くなります。なぜ今の司法府が内閣や国会に遠慮しがちなのかというと、民意を背負っているという自信が弱すぎるからです。コメンテーターのように意見するのは簡単ですが、内閣や国会の決定を覆して責任ある決定をするには、やはり民意を背負っている自信が必要です。知事、市長のときと今の僕の意見の重みは天と地ほど違いますよ（笑）。民主国家では、権力の源泉は最終的には民主的な正統性であり、政治と司法の距離感は近すぎてもダメですが、離れすぎてもダメです。「適切な」距離感を保つための手続き、プロセスを踏むことが政治の役割です。

僕は、維新案として憲法裁判所の改憲案を出しましたが、それは諮問機関的なものにしました。憲法裁判所で意見が出ても内閣や国会が最終判断する仕組みです。ただし憲法裁判所裁判官の人選には政治が「適切に」介入しますし、常設的な機関で多くの事例を扱うことになります。そして判断を行うための要件もしっかりと定めている。憲法裁判所と名前を付けていますが、その実態は責任ある審議会、専門家会議であり、その意見には国民を納得させる力のある機関としたつもりです。名前はどうであれ、一定の力のある憲法判断機関が必要であることには間違いなく、単純な審議会・専門家会議では、内閣・国会の判断を覆し、国民を納得させる力は生まれないと思います。

木村　民主的であればすべてよい、というものでもないですから。立憲主義は、「民主的に決めるべきものと、そうでないものを決めよう」というシステムでもあります。政策判断をする際には民主的な正統性を背景に持つほうがいいですが、立憲主義に適（かな）

っているのかどうかの判断は、非民主的な機関が担った方がいいでしょう。

たとえば、憲法審査会全会一致で選ぶ専門家会議を作っておけば、より高度な憲法解釈を国会として提示できると思います。憲法裁判所の判断とは異なり、専門家会議の意見を与党が無視して押し切るという可能性はあるかもしれませんが、そういう強引な手法をとったときの国民の受け止め方は全然違うはずですよね。

橋下　憲法審査会の全会一致で選ばれた専門家会議なら確かに、納得性は高まりますよね。しかし、全会一致でメンバーを選任できると思います？　今の野党は木村さんを選任しようとするでしょうが、与党はどうでしょう？　与野党の国会議員が全会一致で憲法解釈をする専門家メンバーを選ぶということは、現実の政治を経験してきた僕には、実現不可能な話だと感じます。国会に設置された原発事故調査委員会の委員を選任するのも大変だったようですが、こちらは調査のプロを選べばいいだけなので、なんとか選べたようです。しかし憲法解釈というのは、国会議員の関心の高い憲法改正問題だけでなく、日々の政策の実行性にも大きく影響してくる。違憲と判断されたら政策を実行できなくなりますから。ゆえに誰をメンバーに選ぶかについては、政治家は必死になりますよ。まさにアメリカにおいて最高裁裁判官を誰にするのかと同じです。結局これまで日本の最高裁裁判官がそれほど話題になることもなく選ばれてきたのは、内閣や国会の判断を覆して最高裁が国の方針を決めるようなことはしない暗黙の了解があったからでしょう。専門家会議のメンバーは意見を出せばそれで仕事は終了ですが、政治家はその意見によって政治家としての生き死にがかかってきます。そして多数決で決めるなら与党寄りの専門家会議になってしまい納得性が弱まる。そうであれば3分の2の多数決で、野党の声も一部きちんと入るプロセスにするかですね。

ただし、その専門家会議も非常勤的なものでは納得性は弱くなります。このような会議体は、その意見があまり影響力のないものなら、選ばれ方や組織のあり方についてはそれほどうるさく言われないでしょうが、憲法の解釈を出す専門家会議ならそこで出される意見の影響力は計り知れず、かなりうるさく言われるでしょう。さらに特定問題だけに意見をするものでも納得性は弱くなります。ものすごい数の事例について判断するからこそ、他事例との整合性に悩み、現実的な課題に苦しむことで責任と納得性が生まれます。しかし特定テーマについての一意見ということであれば、そのような悩みもなく、自分の持論を言いっ放しにすることができます。僕が経験してきた専門家会議の意見には、そのような無責任な言いっ放しの意見も多くありました。

国民に付すべきか、付さぬべきか

木村　次に、住民投票についてお話できればと思います。橋下さんが大阪都構想のとき、「案そのものに賛成することと、住民投票の開催に賛成することは分けて考えている」とおっしゃっていたのが印象的でした。これは憲法改正の国民投票にも言えますか。

橋下　言えると思います。改正案自体に論理的整合性がきちんと取れており、国民投票にかけて賛成の結果となった場合に論理的矛盾が生じないのであれば、国会議員はたとえ改正案に反対であっても、国民投票にかけることまでは賛成しなきゃいけないと思う。

木村　国民投票の発議に賛成したとしても、改正案に反対票を投じることにまったく矛盾がないということですね。

橋下　矛盾はないです。そこは分けて考えるべきだと思います。明らかに法律的ないし論理的におかしいという案でない限りは、できる限り国民に聞いていくのがいいと思います。

木村　私も国民投票については思うところがあります。具体的には、死刑制度を廃止すべきか否かについては、国民投票にかけていい話だと思うのです。賛成派も反対派もそれぞれに傾聴に値する主張をしていますが、国民には議論の内容が知られていません。死刑廃止について発議をすれば、国民的議論をせざるを得なくなるでしょう。十分に国民的な議論をしたうえで、死刑廃止が否決されたとすれば、死刑廃止を求める国際世論にたいして、日本の立場を説明する材料になります。もしも可決されれば、個人的に死刑制度存続を望む人であっても、投票結果を受け入れざるを得なくなる。これはやる価値のある国民投票だと思います。

橋下　僕も死刑廃止を定める憲法改正案は、国民投票で決める価値があるテーマだと思います。憲法学者やインテリの多くは、憲法改正の国民投票に懐疑的です。時々の民意の風に左右されるのはおかしいというのが主な理由ですが、これは結局国民を信用していないということ。そのくせ、彼ら彼女らは別の場面では、民意を聞け！　という。完全に矛盾しています。成熟した民主国家である日本においては、国の大きな方針について激しい賛否があり二者択一になるような案件については、国民投票で決すべきだと思います。政治家には、何が絶対的に正しいかわからないので国民に決めてもらうという謙虚な姿勢が必要です。

少し脱線しますが、僕は日米地位協定の不平等さを改めるべきだと思っています。でも改めることができないのは、日本の裁判の仕組みが前近代的で野蛮だとアメリカに思われていることも原因です。

アメリカには死刑を存置している州もありますけど、死刑廃止や死刑の執行を中止している州もあります。特に日本の死刑は絞首刑であり、これは死刑廃止をしている国やアメリカの州からすると物凄く野蛮な刑に感じます。ちょうど我々日本人が、犯罪者に石を投げつけて殺す石打の刑を残虐な刑と感じるのと同じような感覚なのでしょう。刑事裁判手続きの仕組みでは、日本において弁護士に取調べの立ち会い権などが認められておらず、極めて前近代的なシステムのように映っているでしょう。ゆえに、アメリカは日本の裁判システムを信用しておらず、日米地位協定によって自国の兵士が日本の裁判システムで裁かれないようにしているのです。日米地位協定の不平等さを正すには、日本の刑事裁判システムを国際標準に近づける必要があります。

それでも僕は、死刑制度については被害者感情を重視して存置のままでいくべきだというのが持論です。もちろん冤罪で死刑が執行されたら取り返しがつきません。ゆえに、衆人環視のなかで犯罪が行われた場合や映像などの客観的証拠がある場合に限るべきだと考えていますが、無条件に死刑を廃止するのには反対です。しかし国民投票で決しようというなら、国民投票をすること自体は賛成です。

木村　個人としては提案に反対でも、国民投票にかけること自体は反対しないということですね。死刑廃止の発議についても、賛成でも反対でも議論の積み重ねがあるわけで、どちらになってもある程度の正統性があります。国会議員も発議自体に賛成しやすいと思うんです。

ただ、憲法改正発議をするということは、「可決の可能性を認める」ということです。そうなると「侵略戦争を解禁する」といったヤバいものが出たら、発議そのものに反対しないわけにはいかない。「この案を国民投票に付してはいけない」と考えるケースはありえると思います。

橋下　侵略戦争はそもそも国際法で違法だから、侵略戦争を認めるような憲法改正案は国民投票に付してはいけないということですね。

木村　死刑については、死刑廃止条約を結んでいなければ、国際世論の批判はあるにしても、国際法違反にまではならないので、死刑存置を定める憲法改正案は国民投票に付すことができます。

橋下　国民投票にかける最初の発議のところで、一定の形式審査は必要だと思いますが、明らかに違法な案であったり、明らかに論理矛盾があったりしない限りは、僕は、できる限り国民投票にかけるべきだと思っています。国民投票は、何が絶対的に正しいかが分からないので、最後は国民に決めてもらい、国民の決定が正しいと擬制し、国民に納得してもらうという立憲そのものですからね。

木村　憲法改正の場面では、いわば国民が上司であって、国会議員は上司に決裁を求める立場にあります。ですから「上司に判断させるべきだと思ったものは発議をすべきだ」というのが憲法改正発議のイメージです。

憲法96条は、憲法改正の条文自体は国民に提案し承認を経なければいけないと規定しています。主権者国民の「承認」が、「拒否権」のことなのか「実質的決定権」のことなのかが議論されていて、権威ある解説書では、「ただの拒否権と見るべきではない」とも書かれているんです。

橋下　なるほど。国民投票が、国民によるただの拒否権だとすると、決めるのは国会議員だとなるので、国会議員が改正案の中身に賛成の場合にだけ国民投票にかけることになりますね。そして国民は、案に反対のときだけ国民投票で否決する権利を有する。しかし、国民が実質的な決定権を有しているのであれば、国会議員は改正案の中身に反対でも、とにかく国民投票にかけることを優先しなければならない。今の日本国憲法の憲法改正国民投票は後者の色合いが強いということですね。

木村　日本国憲法の条文を解説している『註解日本国憲法』（法学協会）には、国民が主権者であると宣言されており、拒否権ではなく承認という言い方をしている点を重視しています。つまり、「国会が決定したら原則成立させるべきで、あまりにひどい場合だけ国民が否決する」のではなく、あくまでも「どちらでもありうるのを前提に、国民の判断を仰ぐ」という感覚です。そうなると、決定権限を持っているのはあくまで国民であり、国会が判断すべきなのは、「この案を実現した方がよいか」ではなくて、「この案は国民に判断してもらうべきことか」です。

橋下　これこそが立憲ですよね。大阪都構想の住民投票のときにも、大阪都構想に反対の大阪市議会議員は、都構想に反対だから住民投票にかけることにも絶対反対という姿勢でした。議員が実質的な決定権を持っているという認識だったのでしょう、市民に決定を委ねるという謙虚さがまったくありませんでした。最後は政治闘争によって、公明党に住民投票にかけることまでは賛成させましたが、その後の住民投票の際には、公明党は強烈な反対運動を展開して、見事大阪都構想案を否決させましたよ（笑）。ところで、ひとつの改正案のなかには論理矛盾がなくても、複数の改正案の間で論理矛盾がある場合もありますよね。これも改正案の発議のところで形式審査を行い、改正案を整える必要がありますね。

木村　たとえば、9条を改正するときに、個別的自衛権に限定する案と、集団的自衛権を入れる案の両方が発議されようとしている場合ですかね。この場合には「何も改正しない」、「個別的自衛権のみ」、「集団的自衛権を含む」のどれがいいかを国民に聞くのが国民にとってもわかりやすいだろうと思うのですが、そういう発議の仕方は想定されていません。改正案ごとにひとり1票、賛成か反対かを入れる仕組みになっています。

もしも矛盾する2つの案が同時に発議されて、両方可決した場合、処理ができなくなりますよね。ですから、ここの整理だけは国会である程度する必要があると思うんですね。

橋下　個別的自衛権に限定する改正案と、集団的自衛権を入れる改正案を同時に国民投票にかけることは絶対にできませんかね。もし両方の改正案が国民投票で可決された場合、賛成の票数の多い方を採用するとか、ふたつ目の案が可決したらひとつ目の案は削除するとか、できないでしょうか。

木村　ひとつ目の案を消滅させる発議をしていないので、両方可決することになりますね。あるいはふたつ目の案に、ひとつ目の案を消すという条文を入れ込まないといけませんが、技術的には難しいですね。

橋下　だとしたら、やはり国会の発議の段階である程度の審査が必要になってきますね。他方、改正案の中身を審査し過ぎると、結局改正案に反対の場合には国民投票にかけることまで反対に繋がってしまう。発議の段階で国会がどこまで審査するのか、そしてどのようなときには改正案には反対でも、国民投票にはかけていくべきなのか。ここはまだ全然議論されていないようなので、憲法学者のみなさんにぜひ整理してもらいたいところです。

「鍵」として機能する憲法

木村　2016年に日本維新の会が出した憲法改正案をみると、教育無償化の事項を入れています。教育無償化は憲法で禁じられているわけではないので、法案を作り予算をつければできるわけです。なぜ憲法に組み込もうと思ったのでしょうか。

橋下　多くの憲法学者やインテリたちは、教育無償化は法律化や予算化で実現できるのでわざわざ憲法改正までやる必要はないと言っています。確かに法律化や予算化で実現できます。でも法律化や予算化の場合、政治や行政の裁量に依ってしまいます。というのも、2010年大阪府知事のときに、私立高校の教育費無償化を始めました。今もそうでしょうが、当時も所得格差や教育格差が固定化していて、親の世代でいちど格差が生じてしまうと、子どもの世代、孫の世代もずっと格差を引きずってしまう現実がありました。親の経済的事情が苦しければ、子どもの教育環境は悪くなり、進学の道の選択が狭くなってしまう。そしてそのことで子どもが社会人になったときにまた経済的に苦しい状況になる。このような所得格差、教育格差の連鎖を断ち切るためには、親の経済的事情にかかわらず、子どもの教育環境はきちんと保障してあげたいと思いました。大阪府の教育所管は高校です。そこで子どもに実力があるのなら、親の経済的事情に関係なく、公立高校でも私立高校でも、行きたい高校に進学できるように高校の無償化政策を実行しました。またこのことが、公立高校と私立高校の切磋琢磨にも繋がります。ただし、それを実行するためには年間200億円以上の財源が必要になりました。

大阪府庁の財政当局はもちろん教育担当局さえも、大阪府の財政状況に照らして、高校無償化政策は止めたがっていました。隙があったら止めようとするんです。僕のあとに大阪府知事に就任した松井一郎さんも、高校無償化政策の予算をなんとか確保し続けていますが、大阪府庁の役所内ではいつもこの政策の継続性が議論の対象になるようです。今は5年毎に継続するかどうかを検証しています。おそらく、府庁を政治的にきちんとマネジメントできない大阪府知事が就任すると、この高校無償化政策は府庁役人の巻き返しにあって中止になってしまう可能性が高いですね。
国でも同じことが言えます。今、安倍政権によって法律化や予算化で教育無償化策が徐々に進められていますが、莫大な財源が必要です。だから国の財政状況によっては、政治行政の意思で、いとも簡単に無償化政策が終わってしまいます。実際、民主党政権が始めた公立高校無償化政策も、自民党が政権を獲った瞬間に、所得制限を厳格化するなど無償化の範囲が狭められました。法律化や予算化というのは、国会議員の過半数の意思で簡単に変わってしまうのです。だから憲法改正による教育無償化の実現が必要なのです。憲法にいったん定められると、その変更は衆参3分の2の議席数と国民投票での過半数が必要になります。与党国会議員の過半数で簡単に変更するわけにはいかなくなります。政府与党の裁量を狭めるために憲法改正を利用するのです。

木村　法律はあとから覆すことができるから、教育無償化を憲法に入れるということですよね。ではなぜ教育無償化について、それほどまでに強い決定をしなくてはいけないと考えたんですか？

橋下　教育の無償化は法律化や予算化で実現できる！　と言ったところで、本当に日本の政治家はそれを実現してきましたか？　理論的には可能なことでも、実際にそれが実現されるかどうかは別です。教育の無償化には莫大な予算が必要です。完全無償化をするなら、５兆円ほどの予算が必要との試算もあります。そして政治行政の現実を見ると、これまでの国会議員や霞が関の役人には、本気で教育無償化を進めようという気迫を感じることができませんでした。口では教育は大切だ、保護者の教育費の負担を軽減しなければならないと言うんですが、口で教育無償化を叫ぶのは誰でもできるんです。もっとも大変で、血みどろにならなければならないことは、カネの確保なんですよ。借金を増やすのか、改革でカネを産み出すのか。まあ大変です。憲法改正でやる必要はない、法律化や予算化でやればいい、という人は、カネの確保の大変さをわかっちゃいない。法律化や予算化ということであれば、それは政治行政の裁量に委ねるだけで、政治行政の腹ひとつになってしまう。そうするとカネを集めるというもっとも大変なことから、普通の政治家は逃げますよね。本気でやりはしません。

それなら、憲法改正の国民投票によって、国民の意思で教育無償化政策を決定し、政治行政に「義務」を負わせたらいい。政治行政の裁量を狭めて、義務にしてしまうんです。動かない政治行政を憲法改正によって動かす。憲法改正によって国民が政治行政に命令を下すんです。僕には今の日本にもっとも欠けているのは国による教育投資であり、教育投資こそが日本を元気にする柱だという政治信条があります。ゆえに教育無償化を平和主義などに並ぶ日本の国是にしなければならない、と。

木村　そういうエクスキューズがあれば、憲法改正提案をした理由として、なるほどと思いますね。一般論として言えば、政治を動かす手段として、憲法改正を軽々しく用いるのは適切ではないように思われます。憲法に書いてしまうと、絶対に予算を確保しなければいけなくなり、柔軟な対応ができなくなってしまうという問題もあります。そういうことを考えると、私も、法律からチャレンジしたほうがいいのではと思っています。

ただ、「国民意思の発露の機会としての憲法改正手続き」というのは見たことがない発想なので面白いですよね。

橋下　僕は憲法の意義についていろいろと考えているのですが、憲法には、政治権力の拠り所となって政治権力を抑えていく面と、政治権力に対して命令を出して政治権力を積極的に動かす面があると考えます。国会議員や役人にこの政策を実行しなさいよ、予算を死に物狂いで確保しなさいよと命令するのも憲法の役割だと思います。国民の意思によって憲法に教育無償化が明記されれば、政治行政は死に物狂いでそれを実行しなければならなくなる。カネがないというものの言い訳は許されなくなるのです。いつも言い訳ばかりで、財政再建のための社会保障改革や行財政改革などに取り組まない政治行政の尻を叩くことに繋がります。教育無償化のための莫大なカネを生み出すためには、たとえ選挙で不利になろうとも国民に負担を求め、死ぬ気の財政再建を実行しなければならなくなるのです。

木村 維新の会が少数野党として、国民投票を視野に入れながらそのような提案をするのは、筋が通っていると思いました。与党だったら、自分で教育無償化を定める法律案を提出すればよいことですが、少数野党の出した法案は、なかなか可決されませんから。

橋下 政策実現のために国民の力を借りるわけです。重い腰を上げようとしない政治行政を国民の力で動かしていく。そして国民の意思によって実現した政策について、政治行政の一存で簡単に変えられないようにする。そのための憲法改正による教育無償化策です。

木村 政治状況で変えられないように、憲法で鍵をかけるような発想ですね。

橋下 法律化や予算化で実現できることは憲法に明記する必要はないというのであれば、憲法25条の「健康で文化的な最低限度の生活保障」の規定も不要になりますよ。この憲法25条の規定がなくても、法律化や予算化によって社会保障政策はいくらでも実現できるのですから。しかし政治行政に完全な自由裁量を与えるのではなく、政治行政に一定の義務を課し、必ずやらなければならない社会保障政策を促すことが憲法25条の役割です。憲法25条がなければ、国の財政状況に応じて、生活保護制度などがぶった切られますよ。法律化や予算化で実現できることであっても国是として、国が絶対にやらなければならない義務を定める役割が憲法にはあります。そしてその役割を果たすために実際に憲法25条というものがある。にもかかわらず、法律化や予算化で対応できるならまずはそちらで対応すべきで、憲法改正を使うべきではないと批判する人たちは、単に憲法改正をやりたくないだけなんじゃないかな、と感じてしまいます。法律化や予算化で実現できることは憲法に明記する必要がないという人たちには、それじゃあ憲法25条は不要なんですか？　と問いたいですね。先ほど、木村さんは死刑廃止制度については国民投票に付すべき価値があると言われました。これも本来であれば、法律改正で対応できるはずです。しかし国民的議論を踏まえて国の方針を決めるためにも、憲法改正による国民投票を活用しようとの提案だと受け止めているのですが、憲法改正による教育無償化政策も同じ発想です。

憲法は権力を動かすか

木村　天皇制をやめるとか、9条を改正して武力行使の範囲を広げるだとか、憲法で禁止されていることを解禁するのが憲法改正だというイメージが強いので、この考え方は面白いですね。

橋下　政治行政を動かすには、政治パワーです。そして政治パワーの要素には、権力や民意、その他人間関係やカネなどいろいろなものがありますが、その重要なもののひとつが「憲法」でもあるのです。憲法は政治行政、すなわち国を動かす強力なツールです。憲法の条文は実質99条で、たったこの99条の条文によって、国家権力というものが暴走しないよう歯止めとなっている。実際に政治権力を使う立場を経験しましたが、政治や役所組織の現場は、この99条の憲法の条文に細心の注意を払いながら、それに反しないように権力行使をしていることを目の当たりにしました。日本において憲法にはそれだけの力があるんです。もちろんこれは、国民の教育レベルに支えられています。政治権力に就く人間が、憲法は絶対に守らなければならないものだという意識を持っていることが憲法の力の源です。そんな意識を持たない権力者が存在する国は、独裁国家として、国民の自由、命を平気で奪っていきます。

成熟した民主国家である日本では、強大な国家権力でさえ、憲法にひれ伏す。これは物凄いことですよ。権力を縛ることが立憲主義だ！　と口で言うのは簡単ですが、たった99条の条文によって世界最強の自衛隊組織や警察組織まで有する日本政府を縛り付けるのは、不断の国民の努力が必要です。憲法は絶対に守らなければならない！ということの徹底した権力者を含む国民への刷り込み教育ですね。

そして、これほどの力を持つ憲法であれば、国家権力への歯止めというだけでなく、国民が国家権力を積極的に動かしていくツールとして利用することもできるのではないかと考えるようになりました。まったく動こうとしない政治行政を動かすためには、国民投票という国民意思のエネルギーを込めた憲法改正の力を使うべきなんですよ。憲法上の教育無償化の条文の文字数は、正確にはわかりませんが、140字にもならないと思いますよ。この文字だけで、国家権力が動いていく。これって、もの凄いことだと思いませんか？

木村　その文字数はツイッターの投稿程度ですね。

橋下　たったその文字数だけで、日本の国家権力が動いて、日本全体に教育無償化の政策が実行される。国家権力に対する歯止めとしての力は、静的な力なので、国民はあまりその力を意識しません。でも強大な国家権力の歯止めになっているということは、憲法にもの凄いパワーが内在していることは間違いないんです。じゃあその憲法の力を、国家権力を動かすほうにも使っていこうじゃないかという話なんですが、憲法学者のみなさんはそういう感覚はないんですかね。

木村　ないわけではないですね。原発事故後、原発を廃止するかどうかについての意思決定を憲法的にやる選択があるのではないかと議論されました。つまり、原発を再稼働するかどうかについて、憲法改正を通じて国民投票にかけようということです。それは一理あると思いました。

もちろん、国民投票で国民がきちんと判断できるようにするには、提案内容をわかりやすい表現にしたり、判断に必要な情報を適切に伝えたり、十分に考えるための時間をとったりと、細やかな配慮が必要です。

そういう条件を整えるのは、結構大変なことなので、ちょっと慎重になってしまう部分はあります。でも、教育無償化に限らず、いろんな論点について国を動かすツールとして憲法を使うのは面白い発想ですね。

橋下　大阪都構想の住民投票は、地方分権型道州制にまで繋げるためのものでした。道州制とは、明治維新以来続く都道府県制と市町村制を抜本的に作り直すことです。

これまで道州制の必要性を口だけで叫ぶ政治家やインテリは多かったのですが、誰もそれを本気でやろうとしません。そこで僕は、まずは大阪府庁と大阪市役所を抜本的に統合再編して、これからの大阪にふさわしい新しい権力機構・統治機構を作り上げようと思いました。それがうまくいけば、大阪以外の地でも権力機構・統治機構改革の芽が生まれるのではないかと。まさに地方現場からの道州制実行プロセスの一環でした。しかし、地方現場からの道州制というものは途方もない政治エネルギーと時間がかかる。だって大阪都構想ですら、あれほど大阪中での騒ぎをやってもいまだに実現できていないんですから。

そこで地方現場からの道州制と同時に、憲法改正による道州制も目指していました。憲法第8章の改正によって道州制を実現するのです。しかし大阪都構想の住民投票で敗北してしまい、僕は政治家人生を終えました。

明治維新によって、江戸の幕藩体制から明治政府の中央集権体制に切り替わりましたが、これは戊辰戦争や西南の役をはじめとする凄まじい武力行使によって実行されました。権力機構、統治機構を変えるということは本来そういうものなんです。その時の権力や権力側に立つものを倒さなければ、権力機構は変わらない。今はもちろん武力を使えません。では何を使うか。それが憲法です。憲法とは、戦争ほどの政治エネルギーを内包する、国を動かす武器なんです。

（2018年6月26日）

第7章
有事と憲法

橋下　最近は憲法記念日の前後で、木村さんは講演も多かったんじゃないですか。今回のロシアによるウクライナ侵攻を受けて、ちょっと雰囲気は変わりましたか？

木村　やはり危機感が高まってきたので、今の9条が何を禁止しているのか、日本の防衛はそもそもどうなっているのかという質問が会場からはありました。

橋下　ここ最近、憲法改正して軍事力を強化していくべきだ、あるいは9条をより守っていくべきだという二つの方向性により分かれた気がしますね。

以前木村さんが「平和なときは、憲法のことなんて誰も考えない」とおっしゃっていたのが印象的でした。権力の横暴や濫用があり、大多数の意思によって少数の国民の権利が侵害される可能性があるときにこそ、憲法の力が発揮できるのだと。まさに戦争時はそのような状況なのかなと僕は感じました。

木村　戦争が起きると「緊急事態」の名の下に、権利がどんどん制限されても当たり前といった空気になっていきますからね。

個人が命を差し出さない選択

橋下　ロシアがウクライナに侵攻した2月24日、僕は「非戦闘員は逃げるべき」という発言をしたのですが、大変な反発を受けました。「逃げる」と言うと、すぐ「降伏するのか」「負けを認めるのか」「国を売るのか」という話になってしまうんだよね。太平洋戦争時も開戦や戦争に反対した人に対して、同じような反応だったと思うんですけど。

木村　ええ、そうでしょうね。橋下さんの発言に対しての反応は二つあったように思います。一つは、単純な好戦派で「武力行使を否定するやつはけしからん」という反応をした人。もう一つは、徹底抗戦しないとロシアの属国になり、より酷いことになると考える人。

橋下　でも命を奪われるかどうかの選択になったときに、みんながみんな立憲主義を守ることを考えるわけじゃないと思う。そのことに関して、木村さんとお話ししたいことがあります。木村さんの師匠でもある長谷部恭男さんが書かれた記事についてです（2022年4月30日、朝日新聞「ひもとく」）。ここで長谷部さんはウクライナの状況について、「命をかけても徹底抗戦するというゼレンスキーのことばが理解できない人は、この選択の意味が理解できない人である」と書いています。僕はこの言葉に非常に違和感を持ちました。自分が殺されそうになるとき、生き延びたいと思う個人もいる。その個人をどう守るのかが、憲法が一番力を発揮するところなんじゃないですか。

木村　ここでの長谷部さんの指摘は、国家元首としての大統領の選択について書いているのだと思います。国家として攻撃を受けたときに、徹底抗戦するのか、属国化を受け入れるのかという選択肢があって、ウクライナは徹底抗戦を選んだ。これに対して、個人にどのような選択肢を認めるのかは、また別の話であって、この原稿ではあまり述べられていません。徹底抗戦するために志願兵を募るのか、総動員体制を強要するのか、様々なやり方があるでしょう。現在のウクライナ政府は、男性が国内で戦う総動員体制を選択しました。橋下さんはそこに対して批判的だということですね。

橋下　自民党は改憲して「緊急事態条項」を創設したいと言っていますが、国民を総動員できるような仕組みになってしまうことを危惧しています。ちなみに日本では徴兵制などで国民全体を強制的に総動員することはできないんですよね。

木村　憲法の条文を読む限りできません。憲法第18条には「意に反する苦役に服させられない」とありますから、徴兵制は禁止されています。総動員は、それ以外の権利を制限するので、違憲と評価されるでしょう。

橋下　やはり、国家の指導者が徹底抗戦だと言ったときに、国民個人が命を差し出さない選択をしたっていい。これこそ憲法の一番重要な考え方だと思うんです。憲法学者である長谷部さんにはそこを強調してほしいと思いました。徹底抗戦をし、自分たちの国を守り、自由と平等と独立を守っていくのはその通りなんだけれど、でも戦わない自由、生き延びる自由も保障する。

木村　橋下さんがおっしゃることもわかります。でも、国が攻められてるわけですよね。一国の秩序が破壊されてしまえば、人権保障の前提が崩れてしまうのではないですか。

橋下　でも戦闘に加わらずに逃げる選択があっていいというのも、憲法の考え方なんじゃないかな。政治家は国民にそうした選択権があることをきちんと理解したうえで、権力の行使をやらないと過ってしまうと僕は思うんだけどね。

木村　この事態の中で、国家と国民の関係にもっと注目すべきだということですね。確かに総動員令に注目する議論は少ないかもしれませんね。なぜ日本では総動員令に対する批判的な議論があまりなかったと分析されていますか？

橋下　やっぱり自分が命を落とすわけではなく、リングの外から格闘技を見ているような感覚だからではないでしょうか。ボクシングとか総合格闘技を見ている側は、リング上の選手にとことん最後まで戦ってほしいし、勝ってほしい。それと同じで自分の応援しているウクライナに絶対に勝ってほしいと思うんじゃないか。日本だけではなく、西側諸国の皆さんもそうでしょう。ロシアが勝つとロシアに有利な国際秩序に変わり、自分たちの脅威になる可能性もある。ウクライナに頑張ってほしいので、ウクライナの総動員令には批判の声が上がらない。

木村　ウクライナ側の戦力増強につながるなら、目をつぶろうという態度が前提にあるということですよね。大事な視点だと思いますよ。いわゆる「護憲派」からもあまり出てこなかった議論であると思います。護憲派のコアな感情は、第二次世界大戦の体験と反省にあります。政治家たちの判断で、戦争に参加させられてはたまらないから、アメリカ軍の軍事活動に批判的で、それに自衛隊が協力することへの不信感も強い。日本やアメリカの政治家が常に正しい判断をするわけではないから、それは大切なことです。ただ、戦争を体験した世代の人は、戦中のソ連の行為に対しても強い不信感を持っています。だから、ロシアの侵略戦争に対してはいつもと違う感情が湧き出てくるように感じました。

橋下　混乱がありますよね。この場面において、護憲派が本来反対すべきウクライナの総動員令であってもロシアを倒してほしいという思いが強く、総動員令を認めてしまう。これまで戦争反対で、防衛力も最小限でと主張していたはずなのに。

木村　複雑でしょうね。橋下さんが今回の主張のように、国家の決定ではなく、個人の自由を出発点にしようとしたのは、どのような思想的背景があるのでしょうか。

橋下　憲法を学んだことは大きいです。憲法は国民に対して義務を課すようなルールではなく、個人の権利を尊重するため国家権力に歯止めをかけるルールです。だから国家と個人が対立する非常時に、個人の権利を尊重する方を重視しなければならないと僕は思っている。

木村　一方でロシアの側に目を向けたときに、橋下さんはどんなことを感じていますか？

橋下　報道の自由と選挙の公正性、このふたつが民主主義の政治を形作るキモなんだと改めて痛感しましたね。自分も政治と選挙の経験があるので、報道の自由と選挙の公正性が保たれていない国は、権力がここまで暴走するんだなと痛感しました。

木村　私も憲法9条だけが平和条項ではないということを、ロシア国内の体制を見て改めて感じました。この機会にロシア憲法の翻訳を確認したのですが、「国際法を守る」と書いてあるんです。国際法では侵略戦争を禁じていますから、今回の場面で日本の9条と同じ働きをする条文はロシアにもある。それでもこのようなことになってしまった。

日本に置き換えて考えてみても、9条だけで平和を守るのは難しい。報道の自由や議会制民主主義があってはじめて平和が守られる。その視点は重要だと思います。

橋下　選挙の公正性と報道の自由が守られていたとしても、国の歴史やそれまでの国民への教育というものから、その国民がどう判断するのかはまた違うところがありますよね。

木村　民主的に戦争を支持することはあり得ますからね。

橋下　あり得ます。日本ではよく「あなたの一票で世の中を良くしましょう」と呼びかけられます。でも僕は、そう簡単に選挙で世の中が良くなったりはしないと思う。細かな政策について国民が選挙で選択できるわけではなく、あくまで選挙区の中の候補者を選ぶだけです。むしろ選挙の一番の目的は、トップの権力者のトップを血を流さずに替えることにあります。選挙で替えることができるから、内戦状態にならなくて済む。だから選挙によって世の中が良くならないからといって、選挙を軽く考えないでほしい。

木村　選挙は権力者を辞めさせるためにあるというのは、橋下さんの持論ですよね。ダメなやつを辞めさせるためのものであると。

橋下　そうです。権力者の首を取るためのもの。軍隊を持っている権力者を市民が倒すことはなかなかできませんから。軍事政権や独裁政権がずっと続くのは、国民が選挙によって権力者を交代させることができないからです。

憲法９条をどう読むか

木村　これまでの章では、私の自衛権の解釈について、国際法と憲法の文脈を押さえつつお話ししました（第４章）。ここからは橋下さんの自衛権についての憲法解釈に関してお聞きしたいです。橋下さんは集団的自衛権について「現行憲法でも行使を認められる」という立場ですよね。では、憲法９条は何を禁止した条文だと読んでいらっしゃる？

橋下　僕は憲法９条があろうがなかろうが、国には当然自衛権があると考えています。

木村　自衛権は国際法上の権利です。でも、国民が政府に対してどこまでの自衛権行使を認めるかは、憲法によって決まってきます。ですから自衛権があることと、日本で９条がどのような制約をかけているのかは独立した問題ですよね。

橋下　僕は、憲法９条を考える前に、国際法の自衛権を考えている。国際情勢に合わせて自衛力の中身を考えるのは、政治がやるべき仕事だと思うんです。

木村　９条自体は何かを制限しているわけではないと？

橋下　僕はそう思う。国際法上の自衛権がある中で、あの条文で何を制限しているのか。日本の敗戦直後の政治や社会の状況では、自衛権に一定の制限はあったと考えます。でもそれはあくまでも政治の話であって、憲法9条の話ではない。あの憲法9条の条文の文言だけで、自衛権をどこまで制限しているのかは読めないと思うんだけどね。砂川判決でも、「国の存立を守るための措置は当然執りうる」と言っているわけだし、僕もそう思っている。

木村　9条の2項では、「陸海空軍その他の戦力は、これを保持しない。国の交戦権は、これを認めない」と書いてありますが、これはどう読むんですか?

橋下　侵略戦争のための戦力を持たないという意味です。1項に「国際紛争を解決する手段」とあるでしょう。

木村　いわゆる芦田修正説で読んでいるわけですね。

橋下　侵略戦争は絶対にダメだけれども、自衛権・自衛戦争を認めるのであれば……。

木村　自衛権は国際法上の権利の話ですよね。日本の主権者は国民ですから、国際法で認められた権利をどのような範囲で、どのような条件で政府に行使させるかを決めるのは、国民の意思の表れとしての憲法規定です。

橋下　むしろそれで自衛権というものがどう制限されてるんですかね。

木村　自衛権は憲法上の概念ではないので、憲法の文言にある「軍」や「戦力」をどう解釈するのかという問題になると思います。政府解釈の出発点は、憲法９条は自衛権の行使で説明できるような場合も含めて、一切の武力行使を禁じたように読める文言だとするところにあります。憲法９条だけ読むと、そう読めると政府は説明しているんです。でも橋下さんはそう読まないわけですよね。

橋下　政府解釈はそうなのでしょうね。でも僕は違うと思う。いったん自衛権を認める以上は、その制限はないと考えています。

木村　憲法のどのような論理構造で自衛権が認められているんですか。

橋下　それは国家固有の権利だから、国家である以上は自衛権がある。憲法で付与されるかは別として。

木村　もちろん、主権者たる国民がその判断によって政府に自衛権の行使を負託することはできます。アメリカだってイギリスだって、それぞれの憲法によって、自衛権の行使を政府に認めているわけです。私が今、問題としているのは、現在の日本政府に国民からどのような権限が負託されているのかについてです。主権国家の中で、主権者である国民が憲法を改正して、行使できる自衛権の範囲を広げたり狭めたりすることは可能ですよね。では、今の９条の中で、現在の政府に課された制限はどのようなものであると解釈できるのか、そこをお聞きしています。

橋下 侵略戦争をするような軍事力はダメだよというのが9条の制限だと解釈します。

木村 橋下さんの理解では、政府の理解は狭すぎるということですよね。

橋下 ええ。もちろん解釈論だから、いろんな意見はあると思いますが、憲法9条だけをもって一義的な結論は出てこないのではないか。侵略戦争のための軍隊、軍事力は当然ダメで、9条の制限はそこまでだというのが僕の解釈です。

木村 憲法98条には「国際法規の遵守」とあります。そこに重ねて9条があるのは、確認規定として読むということですか?

橋下 そうそう。憲法9条が特別の意味合いを持つというよりも、すでに国際法上認められている自衛権を確認しただけのもの。ただ敗戦という歴史的な経緯の中で政治的にまず非武装を考え、そこから徐々に自衛権を備えるようにしていったという。

木村 それは憲法上の判断というより政策判断ですよね。

橋下 そうですね、政治的、政策的判断。ただ、そういう解釈もできるんじゃないかと。自衛権がない国なんて国家じゃないと僕は思っているので。

木村 国際法上の権利ですので、国際法上、自衛権があることを否定する憲法学説はないでしょう。

橋下　そうなると、憲法9条は国際法で認められている自衛権の確認規定と見るのか、いや国際法で普通の国に認められている自衛権そのものを特別に制限した規定と見るのか、どちらを採るかは、解釈論の範囲で、絶対的な正解はないと思うんですよね。

解釈には限界がある？

木村　橋下さんの解釈では、9条は制約にはならず、日本の武力行使には国際法しか制約がないことになりますよね。

橋下　国際法上の自衛権は、必要性、均衡性、即時性という要件が必要になり、これが制約になります。これ以上に憲法9条によって特別の制約を課す必要はないと思います。

木村　体系的には理解できなくないですが……。本書でも指摘していますが、芦田修正説は不可能だと私は思っています。

橋下　僕は集団的自衛権についても、憲法9条の憲法論だけで判断することはできないと思っています。今回のロシアによるウクライナ侵攻を見ていると、ウクライナは悲惨な状況ですが、隣国なのにＮＡＴＯに加入しているポーランドは安全です。ＮＡ

ＴＯは集団的自衛権よりももっと高いレベルの集団安全保障体制ですが、やはり一国の仲間がやられたらみんなでやりかえす安全保障体制を組んだ方が悲惨な目にあわないのだと思いました。これは政治判断です。

もちろん集団的自衛権、集団安全保障にも功罪があり、他国の戦争に巻き込まれるリスクもあります。一方で、それらがあることで、攻め込まれないメリットもあるわけです。だから集団的自衛権、集団安全保障が良いか悪いかは一概に憲法論だけでは判断できない。政治判断の領域だと思います。

木村　それは政策論としてやればいい話で、政策論的に集団的自衛権を持った方がいいのであれば、憲法を改正すればいいわけですよ。

橋下　でも集団的自衛権は絶対ダメだというのは、憲法９条論におけるひとつの解釈論ですよね。集団的自衛権が絶対ダメだと憲法９条に明記されているわけではない。

木村　以前もお話ししましたが、集団的自衛権も含めて一切武力行使をしてはいけないというのが政府の出発点です。武力行使を禁止する文言の規定があるので、その例外を認めるなら、個別的自衛権にしろ集団的自衛権にしろ、根拠が必要というのが政府や多くの専門家の理解です。

橋下　木村さんは「政府解釈」と言いますが、政府解釈を規定していくのは立憲主義体制の中では政治です。政治家が内閣法制局の意見を聞きつつ議論しながら、政府解釈を作り上げていく。もちろんそのような政治による解釈の構築がおかしいということであれば、国民は選挙を通じて政治を変えればいいいし、それこそ国民の訴えに基づいて裁判所が違憲判断をすればいい。

もちろん今までの政府解釈を前提とすれば、木村さんがおっしゃるように集団的自衛権は一切認められないという考え方には当然なるでしょう。でも今までの政府の解釈を変えるのも政治の役割。さらに最高裁の砂川事件判決においては、国際情勢の実情に即して適当な手段を執っていくことを認めています。まさにその判断は政治の役割でしょう。

木村　解釈には限界があります。限界がなければ、人権だって解釈次第でないも同然になってしまう。限界を超えるのであれば法文を改正すべきでしょう。集団的自衛権を行使したいと考える人々が、なぜ改憲の議論を避けたかを問うべきだと思います。集団的自衛権を解禁するような改憲は無理だと考えていたわけですよね。でも政策的にはやらざるを得ないと考えた人たちがいたので法案を通した。合憲だと無理やり正当化するよりも、違憲だけれども緊急行為としてやらなくてはいけないと国民に説明する方が誠実だと私は言っています。

橋下　一番すっきりするのは確かに改憲ですよね。国民に直接問うてね。僕の持論としては集団的自衛権はフルに認めるべきだと思いますが、それを実現する具体的なプロセスの踏み方として、もっとも正直なものは木村さんが言われる改憲です。ただ世論調査を見ても、僕が感じる世間の空気感にしても、憲法９条の改正については慎重な意見が多い感じです。この状況で、政治が軍事自衛権の考え方について抜本的に変えるのは横暴だというところもある。だから改憲までいかなくても国民の命を守るためにどこまでできるのか。憲法論だけではなく、安全保障論とか、国際政治論も合わせて探っていかないといけないわけです。それなのにずっと憲法９条の憲法論の中だけの話をしてきた。気が付いたら他国に攻め込まれて、国民の多くの命が犠牲になっていたということは絶対にあってはならないと僕は思います。

木村　私は法律論と政策論を分けろと言っているだけです。政策論としてどこが妥当かという議論はそれはそれでやればいい。法律論的にはラインがあるので、やりたいならば憲法改正権だってあるのだと言いたいわけです。

「お守り」的な集団的自衛権

木村　もうひとつ橋下さんに聞きたいことがあります。
　15年安保法制で改正された自衛隊法は「我が国と密接な関係にある他国に対する武力攻撃が発生し、これにより我が国の存立が脅かされ、国民の生命、自由及び幸福追求の権利が根底から覆される明白な危険がある事態」（存立危機事態）において、集団的自衛権を根拠に武力を行使することを認めている（自衛隊法76条、88条参照）とあります。橋下さんは存立危機事態のときに武力行使ができるようになったこの条文について、何ができて何ができない条文だと理解されていますか？

橋下　あの条文で見ると、防衛出動となるので……。

木村　地域的な限定はないですよね。日本周辺の台湾海峡とか朝鮮半島という限定はないので、それこそアフリカでもヨーロッパでも中東でも行けると。

橋下　日本の存立危機事態になればですよ。

木村　ええ、なればです。また、武力行使の種類の限定もありません。例えば爆弾を落としてはいけないとは書いていない。

橋下　条文だけからは、限定がないと読み取れると思っています。

木村　ということは、存立危機かどうかにすべてがかかってしまう条文になったわけですよね。

橋下　僕はそう思っています。

木村　そういう条文であると私も思います。一方で、あのとき国民が容認したとされている集団的自衛権はどういったものなのか。国民はもう少し狭く理解しているのではないかと思います。あのとき容認された集団的自衛権は、あくまで米軍の後方支援を想定している。ただ、これまで行ってきた武力行使には至らない後方支援だけでなく、その範囲を超える後方支援について認めるものだと、世間的には捉えられている。政府の側もおそらく海外へ本格的に地上軍を派遣することは考えていないでしょう。準備しているようにも見えません。

橋下　そのような考え方もありますね。ただし僕は概念的には存立危機事態にあたれば防衛出動ができ、そこに制限はないと考えています。解釈の違いかと。もちろん現実的に何ができるかはまた別の話です。どのような自衛隊を構築しているか、装備を保有しているかにかかわる政治の話です。繰り返しになりますが、実際の政策判断でどこまでやるのかは、当然国民の生命財産を守る前提に立ったときに、制限はかかってくると思う。でも概念的に制限はないと思っています。

もうひとつ、木村さんは台湾有事のときに日本がどこまで何ができるのかに注目されていますが、僕はさっき言ったＮＡＴＯのようなものだと捉えている。日本が存立危機事態のときに自衛力を具体的にどう行使するのかという話よりも、他の国から攻め込まれないようにアメリカとの同盟関係を強固にしておくための法制度だと。15年の平和安全法制は、日米同盟がレベルアップして強化されたことを対外的に発信することに重要な意味があると考えています。極めて政治家的な思考でしょうが。

木村　「お守り」みたいな概念だというわけですか？

橋下　そうです。

木村　だから、本格的に外国に地上軍を派遣したり、空爆したりする国になるわけじゃない、と理解した国民が多かったと。

橋下　うん。お守り的な意味は憲法学的に見ると……。

木村　あまり良くないです。

橋下　でもNATOとロシア、ウクライナとロシアの関係を見てもわかりますが、安全保障論から考えると、この日米同盟を強固にする平和安全法制の存立危機事態概念は非常に強烈なお守りになりますよ。現実のオペレーションとしても、自衛隊と米軍の共同訓練が今まで以上に進化してきた。他国から侵略されないというただのお守りの意味が強いんだけど、実際に存立危機事態が生じたときに、自衛権の行使として何ができるのかは、それこそ政治家の判断が求められます。

木村　私が心配しているのは、領域的にも事項的にも限界を定めずに条文を作っている点です。文言が曖昧なので、濫用の危険もある。かなり強烈な憲法違反を根拠づけかねないという問題があると思います。でも政治家や集団的自衛権を認める国民の中には、一定のラインが何かあるらしい。ならばそのラインは可視化した方がいい。

橋下　可視化するかどうかはラインの中身にもよると思うんです。国民を守るための自衛権の範囲をあらかじめ定めておくというのはそもそも無理がある。敵の力によってこちらが備えておくべき力も違うし、実際の戦争状態になれば、どのような手段を使うべきかはその時々の状況によって変わってきます。だから国民を守るための自衛権、装備は事前にフルに備えおき、それを実際に使う段階、すなわち究極の国家権力の行使の段階で憲法の枠をはめていくというのが国民国家を守るための現実的な安全保障論、自衛権論だと考えます。日本は先の大戦の反省から、自衛権やその装備に事前の厳格な枠をはめることで国家の暴走を止めようと試みましたが、その後の世界情勢の変化によってこのようなやり方を変えていく必要が出てきたと思います。

木村　法的な制約はできるだけない方がいいと考えているわけですね。

橋下　事前の装備や手段の面ではね。でも実際にそれを使うときにこそ、そこで憲法の制限が出てくると思います。じゃあ、その制限が何かといえば、国民の命を守る、一般市民を犠牲にしないということです。一部の国際政治学者等が主張している、一般市民の犠牲を安易に容認するようなことは絶対に認められません。この場面こそが憲法の活躍する大舞台です。権力者たちの憲法の理解と、権力者たちの魂への働きかけが必要です。

木村　法を守るか否かは、政治家の魂次第だと。

橋下　事前に法律でラインを決めても、有事には想像のつかない状況になる。絶対的な正解が分からない有事を想定して事前にあらゆることをルール化するのは無理だから、事後的な手続きで権力の暴走を止める方法がいいと思うんです。政治家に自衛の手段は幅広く渡しておいて、でもその使い方がマズいときにブレーキをかけられる仕組み・手続きを作っておく。何がどうなるかわからない自衛権行使の場面では、事前のルールで国家権力の暴走を止めるのではなく、事後的なブレーキ装置をしっかりと作っておく。これが僕の憲法観なんです。

「グループ専守防衛」論

木村　もうひとつ論点を広げたいのですが、「専守防衛」という概念がありますよね。

平成17年の防衛白書によれば、「相手から武力攻撃を受けたときにはじめて防衛力を行使し、その態様も自衛のための必要最小限にとどめ、また、保持する防衛力も自衛のための必要最小限のものに限るなど、憲法の精神にのっとった受動的な防衛戦略の姿勢をいう」とあります。

各新聞がやっている世論調査の大まかな傾向を見ると、「専守防衛を変える」は反対多数ですが、「集団的自衛権限定容認」は拮抗〜賛成多数なんです。

橋下　賛成多数なの？

木村　そうなんです。「攻められない限りは攻めない」という専守防衛は守りたいけれども、攻められなくても集団的自衛権の行使はしてよいと考えている。相互に矛盾するはずの専守防衛と集団的自衛権とが、世論調査では同居しています。これは世論の戸惑いを反映しているのだろうと思いました。もちろん、新しい政府解釈が認めた集団的自衛権の範囲は、アメリカが日本のために戦ってくれている場合に限定されている、と国民が理解している可能性はありますが。

橋下　これはさっきも論じたように、ウクライナ侵攻のこともあって、国民が集団的自衛権というものについて自衛権の具体的な行使の場面を想定しているのではなく、やっぱりＮＡＴＯのようなお守りみたいに考えているので、専守防衛概念との論理的整合性までを詰めていないんだと思う。専守防衛と集団的自衛権の論理的関係性なんて、法律家の中でもきちんと整理できている人は少ないからね。他国に攻められないようにするためには、グループで守る、守られるの関係が必要だと。グループ内の他国が攻められた場合にこちらも協力するからこそ、自分も守ってもらえるのだと。

木村　「他国も含めた専守防衛」という概念になってきていると。自他境界が曖昧になってきている。

橋下　そう。グループだよね。今まで一国だけで専守防衛というものを考え、日本が攻められたときに反撃するという絶対的なスタートラインから自衛権論、憲法9条論を組み立てていたところから、グループ単位で専守防衛を考える自衛権論、憲法9条論へ。これは国際情勢の変化、安全保障環境の変化によって憲法論も当然変わってくるものだと思います。グループが攻撃を受ければ、グループで反撃する。

木村　いわば「グループ専守防衛」論ですね。

橋下　今まで憲法論で語られてこなかった視点ですよね。

木村　そこは、現行憲法では越えてはいけない一線だったはずです。安保法制での政府の説明は、「専守防衛の範囲で集団的自衛権を行使します」というものです。専守防衛は日本が攻められない限り攻めないという話なので、他国が関係する集団的自衛権と一緒に語られるのは意味がわかりませんし、それがあくまで日本のためなのだとしたら、現在の政府の説明は先制攻撃的だと理解せざるを得ません。他国を防衛するために集団的自衛権を行使するわけではなく、日本を守るためにやるのであって、その口実として集団的自衛権を使いますという説明ですから、先制攻撃的に見られてもしょうがないです。

橋下 そこは木村さんの言われる通りですね。結局説明がまやかしなんですよ。これまでの政府解釈である日本一国の専守防衛論を前提として説明するから論理的に破綻してしまう。ここは国際情勢の変化からグループ専守防衛論に変わったことも含めて、そこから正直に説明しないと矛盾を突かれますよ。安倍さんが平和安全法制を作ったことについては、一歩踏み出してくれたと思っています。でも論理の組み立ては粗かったと思う。一国専守防衛論を前提とする限り、木村さんがおっしゃるように、日本が攻撃されていないのに他国が攻撃されたことを理由に日本が反撃するのは、先制攻撃だと捉えられかねない。

木村 そうなりますよね。やはり無理がある。

橋下 それは官僚に任せにしているからでしょう。一国を前提とした「個別的自衛権」と「専守防衛」というこれまで積み上げられた強固な論理の上で説明したから無理が出た。今「グループ専守防衛」なんて言っているのは僕ひとりのような気がするけども、それだと説明に無理は出ませんよね。グループが攻撃を受けたときにグループで反撃する。これはいわゆる先制攻撃にはなりません。こうやって概念や論理を組み立て直して説明するのが、政治の役割だと思います。

木村　その場合の「グループ」について、橋下さんはどれぐらいのものを想像していますか。

橋下　安倍さんが制定した平和安全法制の存立危機事態では、「密接な関係にある他国に対する武力攻撃が発生したとき」となっていますよね。すなわち日本と密接な関係にある国がグループになってしまう。

木村　政府答弁によると、ほとんどの国が「密接な関係」になるようです。

橋下　そうそう。これは非常にまずい。木村さんの心配のタネである法律によるラインがまったくわからない状態。他方、密接な関係を事前にルール化することも不可能です。ここでさきほども述べた僕の憲法観なんですが、事前にルール化できないことは手続きや仕組みで解決するというものを生かします。僕が維新の会の代表を務めていたときに練り上げた平和安全法制の対案には、「条約を締結した国」を集団的自衛権のグループにすることを明記していました。きちんと集団的自衛権を行使し合う関係を認めた条約を結んだ国を、グループ専守防衛のグループとすべきです。これから韓国とも結ぶかもしれないということですよね。

木村　日米安保を想定していたということですね。

橋下　特に意識していたのはオーストラリアでした。今オーストラリアとは、円滑化協定があり、安全保障上の関係性が積み重なっているところです。さらにイギリスですね。グループ専守防衛論を考えるのであれば、きちっと条約化するべきです。

詭弁と言われるかもしれませんが、日本一国専守防衛論からグループ専守防衛論にしておけば、グループが攻められたから反撃するということで説明がつくと思います。グループで攻撃を受けた場合に反撃しているのだから、先制攻撃でもなんでもない。そうした理論の構築は、本来は政治家が主導しないといけなかったんだけど、日本の政治家たちは今までの政府答弁の積み重ねの上で無理して説明してきたから、憲法学者からするとやはりおかしく見える。

木村　改憲すれば、そのような考えに基づいた制度設計もできそうですね。

憲法改正できるのか?

木村　では、この橋下さんがおっしゃるような「グループ専守防衛」を組み込んだ改憲提案は、今の日本で通るのでしょうか。

橋下　なかなか通らないでしょうね。まず政治家たちにグループ専守防衛という発想もないだろうし、これまで国民に対してエネルギーを込めて説明をしてこなかった。それは国民も、これまでのまやかしの説明ではなく、グループ専守防衛と真正面から言われると、ちょっとビビッてしまうんじゃないかな。

木村　他の国の戦争に巻き込まれるのが嫌だという感覚が強いから？

橋下　そうでしょうね。だけど、少なくともアメリカとの関係においてはグループ専守防衛論を真正面からやってもらいたい。僕は今政治家ではないですが、もし政治家だったら大阪都構想と同じくらいエネルギーを割いてやるくらいのテーマだと思います。でも今の政治家はやろうとしないね。

木村　政治家というよりも、国民世論がまだ許していないということですよね。世論がイケイケドンドンであったなら、政治家だってできるはずで。

橋下　そうそう。日本の国民は冷静なので、今のロシアによるウクライナ侵攻の状況があっても、グループ専守防衛として集団的自衛権をフルで使おうという議論は盛り上がらないと思う。大阪都構想のときも、最初は大阪府庁と大阪市役所をひとつにすることなんて誰も見向きもしていなかったんだけど、5、6年かけて賛否が拮抗するところまでになった。膨大な政治的エネルギーを費やしました。もしグループ専守防衛論を国民に根付かせようと思うのであれば、大阪都構想に注入した政治エネルギーの何十倍ものエネルギーを注入しなければならないと思います。そうして最後に憲法改正を国民に問うことになる。政治はまだまだ努力が足りていませんよ。ただそこまでの真正面からの憲法改正にいかなくても、解釈でできる範囲はどこまでなのかを探っていくのも政治の役割だと思います。

木村　国民世論に問うて、集団的自衛権なり、その限定容認なりを正面から認める憲法改正しようとしても、見通しが厳しいということですよね。橋下さんのこの政治観はなかなか面白いですね。

橋下　国会議員の3分の2の議席数も取れないと思う。国民投票にまでいかない。

木村　きちっと説明すれば、橋下さんの言う理屈については理解してもらえると思いますよ。賛同を得られるかどうかは別ですが、議論にはなるでしょう。今は、よくわからないまま集団的自衛権の話が進んでいる状態で、理屈が通らないから「先制攻撃じゃないですか？」と追及されると、しどろもどろになってしまう。

それと同時に、具体的に何をやるための議論なのかを明確にしないと、国民を巻き込むのは困難でしょう。今の日本でグループ専守防衛論は怖いと思います。日本が攻められなくても、他の国が攻撃されたら立ち上がるという話ですから、巻き込まれる可能性の方が高い。相当に具体的で慎重な議論が必要です。

橋下　理屈ではグループ専守防衛論を展開しましたが、現実的には僕も、今の日本の政治家たちにそういう手段を与えるのは怖い。憲法９条の改正を声高に叫んでいる政治家たちは、ウクライナ侵攻において、一般市民の国際秩序を守るためには一般市民の犠牲もやむなし！　命より大切なものがある！　自由、独立を守るために戦うことは尊い！　どれだけ一般市民の犠牲があろうとも戦闘員が死ぬまで戦うことに文句を言うな！　というようなことも叫んでいますからね。

ですから、先ほども論じたように、いざというときのために自衛の手段は幅広く政治家に与えて、彼ら彼女らが間違った手段の選択や一般市民を犠牲にするような自衛権の行使をした場合には、ブレーキをかけられる仕組みを整えておくべきという論に至るのですが、本当にそれで大丈夫なのか……。正直葛藤しているところです。最後は政治家への信頼ですが、僕が政治家時代に見てきた日本の政治家の真の姿をもとに考えると、今はとてもじゃないけど自分の家族の命を預けようとは思わないですね（笑）。

だから、いざ有事になって実際に自衛権を行使する場面において、一般国民の命や自由を最大限に尊重する憲法の魂をしっかり発揮してくれる政治家たちにこそ、国会においてグループ専守防衛論を冷静、合理的に積み上げて、国民の理解を深めてほしいところです。

木村 橋下さんは、はっきりするのが好きなんですかね（笑）。

橋下 そう？（笑）。こういうの曖昧にしといたほうがいいのかな。

木村 そういうことはあると思いますよ。だから政治家は、集団的自衛権のことをはっきりとグループ防衛とは言わない。改憲もしようとしない。私もはっきりさせた方がいいと思っているので、そういうところでは橋下さんと気が合っちゃうんですよ。

橋下 だってそこを曖昧にしちゃうと、国民にとって不幸ですよ。考え方や見解の違いはあったとしても、はっきりさせないと。

木村 立場を明確にして話すことによって、相手は反論もできるわけで。

橋下 そうですね。そこからみんなに考えてもらいたい。

木村 そういう性格ですよね（笑）。そろそろお時間ですね。今日もなかなか面白い話が聞けました。ありがとうございました。

（2022年5月8日）

あとがき

今回の対談で感じたことは、木村草太さんは日本の国家権力を統制できる憲法学者であるということ。逆から言えば、日本の国家権力を統制できる憲法学者の条件を木村さんに見ることができる。

憲法とは国家権力を適切に行使させるもの、すなわち国家権力を統制するものである。そして、国家権力の担い手は「人間」である以上、憲法による国家権力の統制とは、結局のところ、権力を担う人間に合理的な憲法論へ耳を傾けさせることであり、合理的な憲法論を理解させることである。すなわち権力者に憲法と対話させることである。

僕は政治家時代の8年間、憲法と対話し続けてきたつもりだ。僕のやってきたことに賛否両論あることは承知している。裁判を起こされて違法性を認定されたこともある。将来の大阪や日本をよくする可能性と、府民・市民・国民の権利を侵害するリスクがぶつかり合うことも多かった。改革や挑戦には、大きな利益を実現するための小さな犠牲というものが付きまとう。ゆえに権力者は常に悩みながら憲法と対話しているものだ。この現実の悩みや苦労からかけ離れた別次元のところから、合理的なさわやかな憲法論だけを語られても、それは権力者の耳にはなかなか入ってこない。

僕は、政治家時代、多くの学者と議論してきた。しかし、こと政治の分野になると、日本の学者の目にはスモークがかかることが多い。「とにかく権力に対しては厳しく批判する立場をとらなければならない」「政治家は選挙で選ばれたに過ぎず、専門的な知識はない」など。そして、僕に向けられた批判で耳にするものの多くは、「民主主義の破壊者」「憲法の破壊者」「独裁者」「選挙至上主義」「橋下は道頓堀のヘドロ」、そんなフレーズばかりだった。

木村さんは僕と見解や立場が異なるところは多々あっただろうが、まず僕の考えや思い、悩みや苦労を真摯に聞いてくれる。そのうえで憲法論として、僕の考えや行動についてどこに問題があるのか、両者の考えが異なるポイントはどこなのかを的確に整理してくれる。そして問題点をクリアするためにはどうしなければならないのかを具体的に提案してくれる。理想論の言いっ放しに終わらない対話なのだ。

僕は今、現職の政治家ではなく一民間人だ。権力も何も持っていない。しかし、もし僕が現職の政治家で権力を持っていたときに、今回の対話が行われていたとするならば、これこそまさに憲法による権力の統制そのものだ。僕が木村さんと対話しながら、憲法としっかりと対話しているのだから。憲法によって国家権力を統制するには、権力者に憲法を意識させる対話が必要なのである。この点、木村さんの権力者との対話能力の高さ、強さを証明したのが、今回の対談本である。従って、今回の対談本こそが憲法による国家権力の統制そのものだと言える。

これから憲法9条の改正論議が熱を帯びるだろう。憲法9条の改正は、日本の国家のあり方を変えるものだ。国家権力が誤った方向に行かないよう、権力者と憲法の真剣対話が必要となる。木村さんが権力者と一緒に思い悩みながらも、権力者に憲法を意識させる合理的な対話をして、憲法による国家権力の統制をしてくれることを大いに期待している。

僕は、大学では政治経済学部経済学科に属しており法律科目の授業は受けていない。ゆえに、司法試験受験予備校でカリスマ講師として人気を博していた伊藤真さんの授業を、ビデオテープやカセットテープで聴いていた。僕が当時抱いた感想は「伊藤さんは、今の日本国憲法、憲法9条にほれ込んでいるな」というものだった。そして

「ひとつのケーキをふたりで分ける際にケーキを完全に真っ二つに割ることはできない。そこでふたりのうち、ケーキを切らなかった者から先に選ばせる、すなわちケーキを切った者が後から選ぶというプロセスにする。そういうルールにすればケーキを切る者は、自分のケーキが小さくならないように真っ二つに割ろうと限界まで努力するし、ふたりはこのケーキの分け方に納得する。これが適正手続きという考え方だ」という伊藤さんの話に、僕は衝撃を受けた。そこから「何が正解かわからないなかで正解に近づけていくプロセスを重視する」自分の憲法論を確立し、政治家時代の僕の政治論や選挙論に繋がっていく。伊藤さんにとって、政治家時代の僕のスタイルは受け入れられないものだったと聞く。しかし僕がこれまでにやってきた政治や、今も持っている政治思想の背骨は、この伊藤さんからの教えに拠っている。約25年前の予備校時代から今にいたるまで、伊藤さんとは直接お話ししたことはないが、この場でお礼を申し上げたい。

橋下　徹

本書は二〇一八年一〇月に徳間書店より刊行された
『憲法問答』を改題、加筆し、文庫化したものです。

対話からはじまる憲法

二〇二二年 八 月一〇日　初版印刷
二〇二二年 八 月二〇日　初版発行

著　者　橋下徹
　　　　木村草太
発行者　小野寺優
発行所　株式会社河出書房新社
〒一五一－〇〇五一
東京都渋谷区千駄ヶ谷二－三二－二
電話〇三－三四〇四－八六一一（編集）
　　〇三－三四〇四－一二〇一（営業）
https://www.kawade.co.jp/

ロゴ・表紙デザイン　粟津潔
本文フォーマット　佐々木暁
本文組版　株式会社キャップス
印刷・製本　凸版印刷株式会社

Printed in Japan　ISBN978-4-309-41912-1

天皇と日本国憲法

なかにし礼　41341-9

日本国憲法は、世界に誇る芸術作品である。人間を尊重し、戦争に反対する。行動の時は来た。平和への願いを胸に、勇気を持って歩き出そう。癌を克服し、生と死を見据えてきた著者が描く人間のあるべき姿。

官報複合体

牧野洋　41848-3

日本の新聞はなぜ政府の“広報紙”にすぎないのか？　権力との癒着を示すさまざまな事件をひもとき、「権力の応援団」となっている日本メディアの大罪を暴いていく。

情報隠蔽国家

青木理　41849-0

警察・公安官僚の重用、学術会議任命時の異分子排除、デジタル庁による監視強化、入管法による排外志向、五輪強行に見る人命軽視……安倍・菅政権に通底する闇を暴く。最新の情報を大幅増補した決定版。

天皇と賤民の国

沖浦和光　41667-0

日本列島にやってきた先住民族と、彼らを制圧したヤマト王朝の形成史の二つを軸に、日本単一民族論を批判しつつ、天皇制、賤民史、部落問題を考察。増補新版。

奥さまは愛国

北原みのり／朴順梨　41734-9

愛国思想を持ち、活動に加わる女性が激増している。彼女たちの動機は何か、社会に何を望み、何を守ろうとしているのか？　フェミニストと元在日韓国人三世が、愛国女性たちの現場を訪ね、その実相に迫る。

樺美智子、安保闘争に斃れた東大生

江刺昭子　41755-4

60年安保闘争に斃れた東大生・ヒロインの死の真相は何だったのか。国会議事堂に突入し22歳で死去し、悲劇のヒロインとして伝説化していった彼女の実像に迫った渾身のノンフィクション。

複眼で見よ

本田靖春　41712-7

戦後を代表するジャーナリストが遺した、ジャーナリズム論とルポルタージュ傑作選。権力と慣例と差別に抗った眼識が、現代にも響き渡る。今こそ読むべき、豊穣な感知でえぐりとった記録。

池上彰の　あした選挙へ行くまえに

池上彰　41459-1

いよいよ18歳選挙。あなたの１票で世の中は変わる！　選挙の仕組みから、衆議院と参議院、マニフェスト、一票の格差まで——おなじみの池上解説で、選挙と政治がゼロからわかる。

カネと暴力の系譜学

萱野稔人　41532-1

生きるためにはカネが必要だ。この明快な事実から国家と暴力と労働のシステムをとらえなおして社会への視点を一新させて思想家・萱野の登場を決定づけた歴史的な名著。

軋む社会　教育・仕事・若者の現在

本田由紀　41090-6

希望を持てないこの社会の重荷を、未来を支える若者が背負う必要などあるのか。この危機と失意を前にし、社会を進展させていく具体策とは何か。増補として「シューカツ」を問う論考を追加。

自由論

酒井隆史　41704-2

政治・経済・社会を貫くネオリベラリズムの生成過程を規律社会から管理社会へ移行する権力の編成としてダイナミックに描き出し、フーコー以降の政治社会論を根底から刷新する歴史的名著、待望の文庫化。

戦後史入門

成田龍一　41382-2

「戦後」を学ぶには、まずこの一冊から！　占領、55年体制、高度経済成長、バブル、沖縄や在日コリアンから見た戦後、そして今——これだけは知っておきたい重要ポイントがわかる新しい歴史入門。

太平洋戦争全史

太平洋戦争研究会　池田清〔編〕　40805-7

膨大な破壊と殺戮の悲劇はなぜ起こり、どのような戦いが繰り広げられたか——太平洋戦争の全貌を豊富な写真とともに描く決定版。現代もなお日本人が問い続け、問われ続ける問題は何かを考えるための好著。

第二次世界大戦 1·2·3·4

W·S·チャーチル　佐藤亮一〔訳〕　46213-4 46214-1 46215-8 46216-5

強力な統率力と強靱な抵抗精神でイギリス国民を指導し、第二次世界大戦を勝利に導き、戦時政治家としては屈指の能力を発揮したチャーチル。抜群の記憶力と鮮やかな筆致で、本書はノーベル文学賞を受賞。

アメリカに潰された政治家たち

孫崎享　41815-5

日本の戦後対米史は、追従の外交・政治史である。なぜ、ここに描かれた政治家はアメリカによって消されたのか。沖縄と中国問題から、官僚、検察、マスコミも含めて考える。岸信介、田中角栄、小沢一郎…。

アメリカは中国に負ける

孫崎享　41841-4

いまや経済のスケール等でもアメリカを脅かそうとする中国。アメリカの今後の展開、太平洋の治安状況はどう変わるか。そして日本の地位、生き延びる道は？　講談社現代新書『不愉快な現実』を増補文庫化。

ほんとうの中国の話をしよう

余華　飯塚容〔訳〕　46450-3

最も過激な中国作家が十のキーワードで読み解く体験的中国論。毛沢東、文化大革命、天安門事件から、魯迅、格差、コピー品まで。国内発禁！三十年の激動が冷静に綴られたエッセイ集。

韓国ナショナリズムの起源

朴裕河　安宇植〔訳〕　46716-0

韓国の歴史認識がいかにナショナリズムに傾いたかを1990年代以降の状況を追いながら、嫌韓でもなく反日でもなく一方的な親日でもない立場で冷静に論理的に分析する名著。